AF473367

malheureux ne l'ont volontaire
cependant, que la mort vous
Nul espoir ne fait briller à vos y
une lumière consolante et tutélai
vous la planche du naufragé, à l
rattachez, au milieu des ténèbres
terreur; et lorsque la mort vous
cher, quelle profonde amertume d
n'ont plus à se prendre qu'à un
poussière sans nom, qu'au néan
lable affliction vous rend alors l
et c'est ainsi que, privés dans to
existence de l'appui et du charm
ne savez ni *vivre* ni *mourir* !

La voilà donc cette société
vous vous armez contre nous de

oujours des prêtres égyptiens et des prêtres
s? Non, vous ne pouvez plus nous confondre
x, et si vous voulez nous accuser, appelez-
notre nom que nous n'avons pris à personne;
vous plutôt, j'y consens, de l'avenir que
ous annonçons! mais n'allez point nous
r l'odieux du passé.

ependant, pour être dépouillés de tous les
temens, faut-il affecter de ne voir dans la
tive d'un destin meilleur qu'une décevante
? Êtes-vous donc réduits à ce point de
, que vous vous défendiez de l'espérance
d'un piége, et du progrès comme d'une
? Telle est cependant la vérité! Oui, si la
uté de nos sentimens et de nos opinions a

EXERCICES

ORTHOGRAPHIQUES,

OU

MÉTHODE SIMPLE ET FACILE

De créer, sans avoir recours à la cacographie, l'orthographe du mot qui est l'objet de la règle dont chaque exercice est précédé ;

PAR

A. Champalbert,

PROFESSEUR DE GRAMMAIRE.

TROISIÈME ÉDITION.

PARIS,

HACHETTE, LIBRAIRE, RUE PIERRE-SARRAZIN, N° 12.

POILLEUX, QUAI DES AUGUSTINS, n° 57.

CHAMEROT, MÊME QUAI, n° 13.

NANCY,

VIDART ET JULLIEN, LIBRAIRES, RUE DU PONT-MOUJA.

1834.

NANCY, IMPRIMERIE DE DARD.

AVANT-PROPOS

ET

EXPLICATION DE LA MÉTHODE.

La première édition des exercices orthographiques ayant été favorablement accueillie, j'en publiai une seconde, où, selon l'avis de plusieurs hommes instruits, je crus devoir faire sentir la liaison des différentes parties du discours, démontrer l'identité de plusieurs d'entre elles, et prouver que la grammaire est, non un chaos de règles arbitraires, mais la première des sciences exactes et l'acheminement naturel à toutes les autres. La plupart des instituteurs goûtèrent ce plan, quelques-uns même daignèrent avouer que mon ouvrage ne leur avait pas été inutile; mais, en général, on le trouva trop abstrait pour l'âge auquel il était destiné. Dans cette 3e édition, je me suis appliqué à simplifier l'énoncé des règles et à multiplier les exemples. Ainsi chaque exercice sera précédé d'une règle exprimée en peu de mots et facile à comprendre.

La méthode à suivre pour écrire les exercices est la même que dans les éditions précédentes, et voici en quoi elle consiste.

On étudiera la règle dont chaque exercice est précédé.

L'ORTHOGRAPHE D'AUCUN MOT N'EST ALTÉRÉE.

La plupart des mots ne sont point achevés; l'élève doit les terminer selon les règles qu'il connaît.

Trois points indiquent une lacune à remplir par un mot précédent imprimé en lettres italiques, mais qui doit reparaître sous la forme qu'exigent le sens et la règle.

Exemple : On ne peu.. désir.. ce qu'on ne connai.. pas.

Écrivez : On ne peuT désirER ce qu'on ne connaîT pas.

On di.. q. les ennem.. ... pass.. le Rhin; ... s'e. tromp..

— *Écrivez :* On dit que les ennemis ont passé le Rhin ; on s'est trompé.

Un infinitif, à la tête d'un exemple ou entre parenthèses, indique un verbe dont le temps et le mode sont désignés par la règle ou par le sens.

Exemple : Plaindre. Il c. impos.. q. je me ... — *Dites :* Il est impossible que je me plaigne.

Enfin, en répétant les mêmes exercices sous toutes les formes que présentent les nombres, les temps et les modes, on en multiplie considérablement le nombre.

Lorsque l'élève aura écrit tous les exercices contenus dans cet ouvrage, il devra, en les répétant, y joindre mes *Exercices sur les homonymes français et sur les genres*, où il s'agit encore de terminer des mots et de remplir les lacunes par les divers homonymes. Le titre de cet ouvrage suffit pour en faire concevoir l'utilité.

ABRÉVIATIONS.

C. D. *Complément direct.*
C. I. *Complément indirect.*
N. *Nous.*
V. *Verbe*, et dans les exercices, *Vous* et *Vu.*
M. *Masculin.*
F. *Féminin.*
S. *Singulier.*
PL. *Pluriel.*
INV. *Invariable.*

NOM, ARTICLE, ADJECTIF.

Premier exercice. Les mots qui commencent, 1° par *dé* ou par *é*, ne doublent point la consonne suivante. — 2° Par *dif*, ou dont la 2ᵉ lettre est une *f*, prennent deux *f*. — 3° Par *a* doublent ordinairement la consonne suivante. — 4° Par *habi*, prennent une *h*. — *Abbé* et ses dérivés prennent seuls deux *b*; *addition reddition* et ses dérivés, deux *d*; *agglomérer*, *agglutiner*, *aggraver* et leurs dérivés, deux *g*.

Le guerrier qui délibère fait mal sa cour au dieu Mars. — Défends-toi. — On tue, on écorche, on démembre messire loup. — Frappe, mais écoute. — L'univers ébranlé s'épouvante. — Diffère encore, diffère un moment de t'ouvrir. — La critique est aisée et l'art est difficile. — Des lambeaux teints de sang et des membres affreux. — Offense-toi des pleurs qui coulent de mes yeux. — L'abbé Suger fut surnommé le père de la patrie. — Cette abbaye fut fondée par Charlemagne. — Entends ma voix gémissante, habitant de ce vallon. — L'habilité est le droit de succéder; l'habileté est l'intelligence, la science. — Un plomb mortel atteint cette aigle altière.

Exceptions. *Descendre*, *dette* et ses dérivés. — *Dé* est suivi de deux *s* quand on le joint à un mot qui commence par *s*, *saisir*, *dessaisir*. *Ecclésiastique*, *ellébore*, *ellipse*, *emmailloter*, *ennui*, *errer*. — *Ame*, *animer*, *apanage*, *apercevoir*, *etc*. — *Abîme* et leurs dérivés. — *Afin*, *éfourceau*, *if*.

Le dessein en est pris. — Tyran, descends du trône. — Tout est sens dessus dessous. — Il vit pauvre afin de mourir riche. — J'aperçois le soleil; quelle en est la figure? — Hôtes de l'univers, sous le nom d'animaux. — Il vous faut purger avec quatre grains d'ellébore. — Quels ennuis! quelle vie errante. — L'abîme entr'ouvert sous ses pas.

Désignez les mots qui sont l'objet de ces règles.

2. Le NOM désigne les personnes et les choses. — L'ADJECTIF se joint au nom pour désigner la qualité d'une personne ou d'une chose.

Désignez les noms et les adjectifs de l'exercice précédent.

Sur un char magnifique s'avance la belle Hersilie, armée comme Pallas, belle comme l'épouse de Vulcain. Son casque étincelant porte pour cimier l'aigle romaine. — L'armée s'avance d'un pas rapide vers les bords du Liris. — L'Andalousie est si fertile, qu'on la nomme la cave, le grenier et l'écurie de l'Espagne. — Les Alpes sont les plus hautes montagnes de l'Europe.

Désignez les noms propres, les noms communs et les adjectifs.

3. On reconnaît l'adjectif, parce qu'il peut toujours se joindre à un nom ou aux mots *je suis*, *tu es*, *il est*. On distingue des adjectifs les noms de qualité, d'état ou d'action, parce qu'on ne peut y joindre ni un autre nom, ni les mots *je suis*, *tu es*, *il est*. On les appelle les *noms abstraits*. — Ainsi *vertu*, *vice*, sont des noms abstraits.

Jeune et vaillant héros, défendez-vous par la grandeur; alléguez la beauté, la vertu, la jeunesse : la mort ravit tout sans pudeur : un jour le monde entier accroîtra sa richesse. — La maladie marche sur les pas de l'intempérance. — Il est malade d'inquiétude. — J'étais plongé dans une rêverie profonde. — L'impatient animal bondit sous son jeune maître, frappe du pied l'air et la terre ; et, blanchissant de son écume le frein qui retient son ardeur, il s'indigne d'entendre hennir les chevaux de l'avant-garde. — Ah ! que le temps est long à mon impatience. — La patience et le courage réunis triomphent de tous les les obstacles.

Désignez les noms de choses ou de personnes, les noms abstraits et les adj.

4. L'ARTICLE est un mot que l'on place devant le nom pour faire connaître l'étendue de sa signification. — L'art. défini LE, LA, LES, indique qu'un objet est déterminé, ou qu'il est connu de celui qui parle et de celui à qui l'on parle. — Les art. indéfinis UN, QUELQUE, PLUSIEURS, CHAQUE, AUCUN, NUL, TOUT, indiquent que l'on veut parler d'un ou de plusieurs obj. sans les désigner. — L'art. démonstratif CE, CET, CETTE, CES, indique l'intention de montrer l'objet. — DU, DES, AU, AUX, sign. DE LE, DE LES, A LE, A LES, et sont des art. déf. composés.

Tu vas donc, égaré sur l'océan du monde, affronter cette mer en naufrages féconde. — Un cavalier s'approche. — Cependant Daphnis s'étant emparé de la chèvre, la mit dans le bateau. — Il semblait un tendre agneau qu'une lionne féroce emporte à ses lionceaux. — Quelques crimes toujours précèdent les grands crimes. — Pourquoi ces éléphants, ces armes, ce bagage, et ces vaisseaux tout prêts à quitter le rivage, disait au roi Pyrrhus un sage confident. — Je vois de loin quelques animaux et un berger sur cette colline.

— Aucun chemin de fleurs ne conduit à la gloire. — Tout rang, tout sexe, tout âge, doit aspirer au bonheur. — D'un vin exquis on boit encore la lie. *Désignez les différens articles.*

5. On, signifiant quelqu'un; TOUT, sign. toute chose; CE, signifiant cette chose; NUL, AUCUN, CHACUN, signif. nulle personne, aucune personne, chaque personne; QUELQU'UN, signif. une personne, sont des noms masc. sing.

On ne peut désirer ce qu'on ne connaît pas. — Tout est perdu hors l'honneur. — Ce que je sais le mieux, c'est mon commencement. — Tout vouloir est d'un fou. — Chacun de l'équité ne fait pas son flambeau. — Nul n'est opprimé quand les lois sont en vigueur. — Le temps détruit tout. — J'ai ce qu'il me faut.

6. Les subst. et les adj. prennent *s* au pl. — L'adj. s'accorde en genre et en nombre avec le subst. — Si l'adj. n'est pas terminé par *e* muet, il en prend un au f.

L'astre est *caché*. — Cette étoile est ... — Le fleuve est *profond*. — La rivière est ... — Le fleuve est *large*. — La rivière est ... — Le clou est *pointu*. — L'épine est ... — Ce bois est *mort*. — Cette branche est ... — Ce livre est *utile*. — La lecture est ... — L'enfant est *surpris*. — La femme est ... — Le chef est *inquiet*. — La mère est ... — *Changez le singulier en pl.* — EST fait au pl. SONT.

7. L'adj. qui se rapporte à deux ou à plusieurs noms se met au pl. du même genre que les noms; et si ces noms sont de différens genres, l'adj. se met au pl. m.

Le fruit *cru*. — Le navet et le chou ... — La pomme et la poire ... — Le lard et la viande sont ... — L'arbre *brûlé*. — L'os et la corne sont ... — La ferme et le château sont ... — Le bien et le mal sont *confond*.. — La vérité et le mensonge sont ... — La fable et l'histoire sont ... — La vache est *vend*.. — Le bœuf et le cheval sont ... — La forêt et la ferme sont ... — Voilà le frère et la sœur *arriv*.., et bien *fatig*.. — Ma tante et ma sœur sont ..., et bien ... — Le frère et la sœur sont également *aimab*..

8. Les subst. et les adj. terminés au sing. par *s*, *z*, *x*, ne changent rien au pl.

Le fils pieux. — Le bois épais. — Le poids énorme. — Le frais coloris. — L'accès dangereux. — Le succès douteux. — Le prix inclus. — Le style diffus, confus. — Le bras nerveux. — Le gros cadenas. — Le velours ras. — Le mauvais mets. — Le faux succès. — La croix, la voix, la poix, la noix, la paix, le taux, le prix. — L'abcès, l'accès, le décès, l'excès, le procès, l'aloës, le congrès, le cyprès, le progrès. — L'as, le tas, l'amas, l'embarras. — *Mettez au pl.*

9. *Le cours* et ses dérivés *concours*, *discours*, *décours*, *secours*, *recours*, *parcours*, ainsi que *ours* et *velours*, prennent une *s* au sing. — Ecrivez *court*, *courte*, adj. — *La cour* et les autres mots en *our*, ne prennent une *s* qu'au pl.

Les discours éloquents. — Des concours ouverts. — Les secours puissants. — J'ai recours à vous. — Le décours de la lune. — On appelle parcours le droit de parcourir. — Les tigres et les ours. — Les velours fins. — Les hautes tours. — Les tours adroits. — Des plus grâcieux contours. — Les grands jours. — Les longs détours. — Des fours brûlants. — Les jours courts. — Les grandes cours. — Les heures si courtes. — Le décours de la lune. — Les retours inattendus. — *Mettez au sing.*

10. Les subst. terminés en *au*, *eau*, *eu*, *ou*, prennent *x* au pl. — Les adj. en *eux*, prennent *x* au s. et au pl. — *Bleu* et *feu* (défunt) font au f. *bleue*, *feue*; ce dernier est sans pl., et ne prend la marque du f. qu'après l'art. ou le pr. possessif. — *Doux*, *faux*, *roux*, *jaloux*, font au f. *douce*, *fausse*, *rousse*, *jalouse*. — *Clou*, *filou*, *fou*, *loup-garou*, *matou*, *trou*, *mou*, *verrou*, prennent *s* au pl.

Le beau manteau. — Le nouveau jeu. — Le marteau, le chapeau, le fourneau, le bateau, le lieu, le feu. — Le joli joujou, le pou, le grand fou, le chou rouge, le beau caillou, le genou raide, le triste hibou. — Le tuyau, le noyau, le joyau, l'étau, le hoyau, le gruau. *Mettez au pl.*

Les jeux ennuyeux. — Les lieux marécageux. — Les vœux présomptueux. — Les aveux honteux. — Les cheveux noirs. — Les essieux, les épieux. — Les malheureux Hébreux. — Les pieux, les enjeux. — Les dieux rigoureux. — Les hommes heureux, malheureux, orgueilleux, peureux, paresseux. — Les lieux affreux. — Les monstres hideux. — *Mettez au sing.*

Le vin *doux*, la liqueur ... — La ... créature. — Le ... espoir. — Le *faux* ami. — La ... gloire. — Le ... scrupule. — La couleur ... — L'oiseau *jaloux*. — L'âme ... — Le poil *roux*. — La barbe ... — Les cheveux ... — Le ruban *bleu*. — La robe ... — La ceinture ... — *Feu* le prince. — ... la reine. — La ... reine. — Ma ... tante. — ... ma cousine. — Votre ... parente. — ... sa mère. — Le grand trou.

— Le petit clou. — Le filou adroit. — Le fromage mou. — Le gros sou. — Le vieux fou. — Le verrou rouillé. — Le gros matou. — *Mettez au pl.*

11. Les subst. f. en *té* qui désignent des qualités, ne prennent qu'un *é*. — Terminez par *ée* ceux qui désignent le contenu de quelque chose, et les f. dérivés des v. — Ecrivez la *pâtée* et le *pâté*. — Ecrivez aussi par *ée* *année*, *journée*, *hyménée*, *araignée*, *athée*, *cheminée*, *nuée*, *guinée*, *haquenée*, *fée*, *destinée*, *le camée*, etc. — *Ecrivez les questions suivantes, et joignez-y les réponses.*

Quelle est la qualité de ce qui est *bon*? *La bonté*. — De ce qui est *beau*? La b.. — De ce qui est *solide*? La s.. — De ce qui est *cher*? La ch.. — De celui qui est *fier*? La f.. — De celui qui est *pauvre*? La p.. — De ce qui est *facile*, *difficile*, *utile*, *inutile*, *puéril*, *subtil*, *fertile*, *mobile*, *immobile*? La .... — De ce qui est *vrai*, *faux*, *gai*, *difforme*, *éternel*? La .... — De celui qui est *probe*, *cruel*, *immortel*? La .... — Comment nomme-t-on le contenu d'un *plat*, d'une *assiette*, d'une *cuiller*, d'une *hotte*, d'une *pelle*, d'un *chaudron*, d'un *four*, d'une *terrine*? Une .... — Quels subst. forme-t-on des verbes *aller*, *monter*, *porter*, *jeter*, *trouer*, *percer*, *armer*, *saigner*, *lever*, *trancher*, *faucher*, *pousser*? Une .... — La pâtée des poulets. — Le pâté froid.

12. Les mots terminés par *l* mouillée, finissent par les deux lettres *il* au m., le *soleil*, et par *ille* au f., la *paille*. — Exceptez de cette règle les m. *chèvre-feuille* et *porte-feuille*.

Terminez par ail, aille, eil, eille, ouille, euil, euille, selon le sens et le genre, les mots commencés de l'ex. suivant. Observez que dans les mots terminés en cueil, et en gueil, on place l'u avant l'e.

Le somm.., frère de la mort. — Le terrible rév.. — Pense-tu que plus *vieille*, en la maison céleste, elle eût eu plus d'acc..? ou qu'elle eût moins senti la poussière funeste, et les vers du cerc..? — Le démon des bat.. — Les brouss.. cachaient l'entrée. — La mitr.. fit un grand ravage. — J'admire ces merv.. — Il a le teint verm.., les joues verm.. —Faites taire cette marm.. — Le poitr.. du cheval. — Les cris de la can.. — Les rayons du sol.. — Cette and.. est trop grasse. — Nous pêcherons des gren.. — La patr.. vous arrêtera. — Ces deux robes sont par.. — Mon chapeau est par.. au vôtre. — J'ai semé du cerf.. — La tige de la citr.. est fort menue. — Il a bu trois bout.. de vin. — J'ai un joli écur.. — Donnez-moi mon porte-f.. — J'aime beaucoup le chèvre-f.. — Les f.. des arbres. — Un rec.. de chansons. — Ce détroit est rempli d'éc.. — Raconte-moi les dét.. de l'aventure. — Je ressens de vives douleurs à l'or.. et à l'ort.. —J'étais sur le seuil de la porte. — Il a beaucoup d'org.... — Il sortit de son cerc...., et reparut couvert de son *linceul.* — Il s'est jeté dans la *gueule* du lion. — *Bégueule*, femme sotte, prude, ridicule, avantageuse. — La *veille* de la bat.. — Le savoyard joue de la *vielle.* — On joue Fanchon la *vielleuse.* — J'ai allumé la *veilleuse.* — Les *vieilles* troupes. — Respecte les *vieillards.* — Le *vieux* homme, la *vieille* femme.

13. La plupart des noms d'arbres ou de professions se terminent en *ier;* quelques-uns en *er.* — Ecrivez aussi le *déjeûner*, le *dîner*,

le *goûter*, le *souper*. — Mais on écrit *amitié*, *inimitié*, *moitié*, *pitié*, *pied*, *trépied*.

Quel est l'arbre qui produit *l'abricot?* L'abricotier. — La *cerise*, la *prune*, la *nèfle*, la *pomme*, l'*amande*, l'*olive?* Le .... — Quel arbre produit la *pêche*, la *noix*, la *groseille?* Le .... — Comment se nomme l'ouvrier qui travaille en *plâtre?* Le plâtrier. — En *cire*, en *fer-blanc?* — Qui fait du *drap*, des *souliers*, des *montres*, du *pain?* Le .... — La *moitié* vaut mieux que le tout, dit la vraie *amitié*. — Quelle *inimitié?* — La douce *pitié*. — Le *pied* des Alpes. — Le *trépied* d'or.

14. On trouve la lettre finale d'un grand nombre de mots en retranchant l'*e* muet du f. ou la terminaison de quelque dérivé.

Ainsi les fém. *grande*, *prudente*, donnent au masc. *grand*, *prudent*; *dangereux*, *respectueux*, donnent, *danger*, *respect*.

Des fém. *parente*, *constante*, *verte*, *paysanne*, *mahométane*, *patiente*, *négligente*, *basse*, *niaise*, *blanche*, *longue*, *noire*, *forte*, *lente*, *bergère*, *contente*, formez les masc.

Des dérivés *enfant*in, *moment*ané, *parfum*er, *plomb*er, *champ*être, *chant*er, *élément*aire, *sens*é, *accent*uer, *présent*er, *affront*er, *garant*ir, *seng*lant *client*elle, retranchez les finales pour retrouver les mots dont ils sont formés. Mettez tout cet ex. au plur., et observez que les mots en *ant* ou *ent* conservent le *t* au plur. Cependant *gent* fait *gens*, et *tout* fait *tous*.

15. Les adj. en *ien*, *el*, *eil*, *ul*, *en*, *on*, *as*, *ais*, *os*, *et*, *ot*, doublent au f. la dernière consonne, et ajoutent un *e* muet.

Mauvais, *niais*, *ras*, *complet*, *discret*,

inquiet, *replet*, *secret*, *dévot*, prennent un *e* muet sans doubler la dernière consonne. — *Frêle*, *grêle*, *parallèle*, *fidelle*, *infidelle* *, *rebelle*, ont le f. semblable au m. — *Gentil*, *bénin*, *malin*, *blanc*, *sec*, *frais*, *public*, *caduc*, *turc*, *grec*, font au f. *gentille*, *maligne*, *blanche*, *sèche*, *fraîche*, *publique*, *caduque*, *turque*, *grèque* ou *grecque*. — *Beau*, *nouveau*, *jumeau*, *fou*, *mou*; f. *belle*, *nouvelle*, *jumelle*, *folle*, *molle*.

L'usage *ancien*. — L'histoire ... — Le roi *payen*. La nation ... — Le moyen *naturel*. — L'histoire ... — Un ordre *exprès*. — Une permission ... — L'homme le plus *sot*. — La femme la plus ... — Le *gros* arbre. — La ... pierre. — Le veau *gras*. — La poule ... — Le produit *net*. — La déclaration ... — Le suc *épais*. — La planche ... — Le *mauvais* fils. — La ... mère. — Un air *niais*. — Une figure ... — L'ouvrage *complet*. — La folie ... — L'enfant *discret*, *inquiet*, *dévot*. — La femme .... — Le *cruel* moment. — La peine ... — La gloire *immortelle*. — Le rénom ... — La rente *annuelle*. — Le revenu ... — L'attachement *mutuel*, *naturel*, *maternel*, *paternel*, *réel*. — La tendresse .... — Une *frêle* espérance. — Un ... esquif. — Une voix *grêle*. — Les intestins ... — La rue *parallèle*. — Le mur ... — Le *fidelle* compagnon. — La ... compagne. Le peuple *rebelle*, *infidelle*. La nation .... — Voilà un *gentil* personnage ! — La ... invention. — Le naturel *bénin*, *malin*. — L'humeur .... — Le teint *blanc* et *frais*. — La peau ... et ... — Le fruit *sec*. — La branche ... — L'âge *caduc*. — La voix ... — Le *beau* monument, le ... enfant, la ... pièce. — Le *nouveau* bâtiment, le ... ami,

* On peut aussi écrire par une seule *l* fidèle, infidèle.

la ... maison. — Le fromage *mou*, le ... abandon, la cire ... — Voilà le *fou*. — Le ... amusement. — La ... passion. — Les frères *jumeaux*. — Sa sœur ...

16. *Bissextil*, *civil*, *incivil*, *puéril*, *subtil*, *vil*, *viril*, *volatil* (qui s'évapore), forment leur f. en ajoutant un *e* muet. — Les autres adj. de cette terminaison ont le *m.* et le *f.* en *ile*. — Ecrivez au m. comme au f. *tranquille*, *imbécille* et *volatile* (qui vole.) — Une *volatille* est un oiseau bon à manger.

L'année *bissext..*, l'an ... — Le code *civ..*, la guerre ... — La question *inciv..*, l'accueil ... — La vanité *puér..*, l'orgueil ... — Le *vil* métier, la ... passion. — Le courage *vir..*, la force ... — Un sel *volat..*, une substance ... — L'animal ... — La bête ... Cette ... est d'un goût exquis. — On élève cette ... pour la manger. — Ce théâtre changeant et *mob..* * — Le temps, cette image *mob..*, de l'*immob..* éternité. — Une terre *stér..*, *fert..* — Un canton *stér..*, *fert..* — La besogne *fac..*, *dif-fic..*, *fut..*, *ut..*, *inut..* — Le jeu .... — Esprit *versat..* — Conduite ... — Onde pure et *tranquille*. — Le cœur ... — Enfant *imbécile*. — Femme ...

17. Les adj. terminés au m. par *f.* changent au f. *f* en *ve*.

Un goût *vif*. — L'humeur ... — L'écolier *attentif*. — L'écolière ... — L'habit *neuf*. — La robe ... — Il est *veuf*. — Elle est ... — Le cri *plaintif*. — La voix ... — Un *bref* délai. — La

---

* Ajoutez *ile* pour le *masc.* comme pour le *fém.* dans les exemples suivans.

syllabe ... -- Ce peuple était *serf*. -- Toute la nation était ... -- Remède *purgatif*. — Potion ...

18. Les m. en *al* ont le f. en *ale* par une seule *l*, et le pl. en *aux* sans *e*.

L'eau *baptismale*. -- Les fonts ... -- La passion *brutale*.—L'homme ... — Les sentimens ... -- La faute *capitale*. — Les vertus *cardin*.. — Les quatre points ... — Les terres *australes*. — Le pôle ... — Les signes ... — La branche *collatér*.. — Les héritiers ... — Les relations *commerçi*.. — Des effets ... — Un *cordi*.. excellent. — Potion ... — Les remèdes ... — La magistrature *décenn*.. -- L'*anim*.. utile. — Les ... rares. — La substance ... — L'*amir*.., le *capor*.., le *cryst*.., l'*arsen*.., le *fan*.., le *boc*.., le *mal*, le *madrig*.., le *mét*.., l'*origin*.., le *maréch*.., le *sénéch*.., le *sign*.., le *tot*.., le *vass*.., le *riv*.. — Les .... — La fraction *décim*.. — Les nombres ... — Un verbe *anom*.., *pronomin*..—Des verbes ... — Une terre *domani*.. — Un bien ... -- Les villages ... — La lutte *inég*.. — Les chev.. — *Commens*.. de quelqu'un, qui vit à la même table; nous sommes ... — Je suis votre *ég*..; nous sommes ... — L'armée *roy*.., *impéri*..—Les domaines ....—Le moyen *lég*.., *illég*.. — Des moyens .... — Des poursuites .... — Une douleur *loc*.. — Les usages ... — La ligne *équinoxi*.. — Les points ... — Le gouvernement *féod*.. — Les droits ... — C'est un homme *loy*.. — Mes ... serviteurs. — La force *vit*.. — Les esprits ... — L'air ...—Une promesse *verb*.. — Les procès ... — Les emplois sont *vén*.. — La charge ... — Le peuple *orient*.., *occident*.., *méridion*.., *septentrion*.. — Les peuples .... — Les contrées .... — La maison *seigneur*.. — Les droits ... — L'expression *trivi*.. — Les détails ... — Un ouvrage *mor*.., *immor*.. — Les ouvrages .... — Le titre *primordi*.., *origin*.. —

Les titres ... — La dignité *pontific..*, *sacerdot..* — Les ornemens .... — La maison *abbati..* — Les droits ... — La tendresse *conjug..* — Les liens ... — Le palais *élector..* — Les colléges ... -- L'habit *nation..*, *nupti..* -- Les habits ... -- Les lignes *vertic..* *horizont..* -- Les cercles .... -- La propriété *rur..* *patrimoni..*, *matrimoni..* -- Les biens .... -- La critique *parti...* *imparti..* -- Les juges ... -- La voix *sépulcr..* -- Les vases ... -- Le mouvement *machin..* -- Les mouvemens ... -- -- La traduction *littér..* — Les commentaires ... -- L'air *marti..* -- Les jeux ... — La pompe *triomph..* — Les chants ... Les paroles *sacrament..* — Les mots ... -- L'analyse *grammatic..* — Les rapports ... -- Le *quintal*, le *piédestal*. — La commission *spéci..* — Les droits ... — Les *végét..* utiles. — Les substances ... -- L'eau *minér..* — Le sol ... — Les mois *automn..* — Les remèdes *pector..* — Les fleurs ... -- Les vices *radic..* — les lettres ... — *Changez le nombre de tous ces exemples.*

19 *. Mots en *al*, dont les uns ont le pl. en *als*, et les autres sont sans pl. — Ces derniers sont désignés par un astérisque. — Noms terminés en *alle*, *ale*.

Voilà un conseil *amic..* -- J'aime le *bal*, le *carnaval, le régal*. — J'ai un *cal* au pied. — J'élevais *un chacal, un orignal*. -- Un *pal* aiguisé. — Le feu *centr..* — La force ... Opération *chirurgic..* — Édifice *coloss..* — La statue ... — Le pôle *boré..* * — L'aurore ... -- Il a quelque chose de *besti..* * dans la physionomie ; une figure ... Le manteau *duc..*, la couronne ... — Ce moment *fat..*, cette heure ... — Le son *fin..*

---

* Les commençans pourront se dispenser de copier les exercices marqués d'un astérisque.

— La cause .... — Le respect *fili..* * — La tendresse ... — Le repas *frug..* — La table ... — Un vent *glaci..* * — La zône .... — Cela est établi de temps *immémori..* * — Possession .... — La lettre *init..* — Le son ... —Musique *instrument..* (sans masc.) — Cause ... — Esprit *jovi..* * — Humeur ... — Le bonnet *doctor..* — La robe ... Il est bien *matin..* — Aujourd'hui elle est bien ... — La matière *médic..* — La plante *médicin..* — Une note *margin..* — (Ces 3 adj. sans masc. usité.) — L'habit *monac..* — La robe ... — Le son *nas..* — La syllabe ... — Le combat *nav..* — La victoire ... — Une tradition *or..* Examen ... (de bouche.) Le pouvoir *pap..* * — Les terres ... — Le chant *pastor..* — L'instruction ... — La fête *patron..* (sans masc.) — Le code *pén..* La loi ... — L'eau *pluvi..* (sans masc.) — L'expression *proverbi..* — L'expression *théâtr..*, l'effet ... — L'organe *voc..* — La prière ... — L'air *virgin..* — Modestie ... — Le cierge *pasc..* — La communion ... — Matière *féc..* (sans masc.) — *Mettez au pl.*

Le grand intervalle, la gale (maladie), la noix de galle, la malle, le mâle, la halle, le hâle, la salle, le mouchoir sale, la robe sale, le fond de cale, la cigale, le scandale, l'amygdale, l'astragale, la bacchanale, danse de satyres ou débauches; les bacchanales, fêtes en l'honneur de Bacchus; la balle, la cavale, la cigale, la cabale, la cymbale, la timbale, la dalle, tablette de pierre dure; le dédale des lois, des cœurs; l'écale de noix, une belle opale; un trou ovale, la pédale, le pétale (feuille de la fleur), la sandale, le sandal, bois précieux, le scandale, un stalle (un des siéges autour du chœur) la vestale, la figure pâle, le pâle adulateur.

18. 1° *Bail*, *corail*, *émail*, *soupirail*, *travail*, ont le pl. en *aux*. — *Ail*, *aïeul*, *bétail*, *ciel*, *œil*, font au pl. *aux* ou *aulx*, *aïeux*, *bestiaux*, *cieux*, *yeux*. — 2° Cependant

on dit les *aïeuls*, grand-père et grand-mère, ou les deux grands-pères ; les *ciels* de lit, de tableau ; les *œils*, trous, ouvertures, gouttes de graisse ou d'huile qui surnagent, et dans les noms de certaines plantes, de certaines pierres ; les *travails*, compte rendu par un ministre, machine à ferrer les chevaux vicieux. — *Bercail* est sans pl., *vitraux* et *matériaux* sont sans sing. — Les autres mots en *ail* ont le pl. en *ails*.

Je n'aime ni *l'ail* ni *l'oignon*. — Le *bail* expiré. — Le *corail* taillé. — Le plus bel *émail*. — Le *soupirail* étroit. — Le pénible *travail*. — Le *ciel* ouvert. — Le noble *aïeul*. — L'*œil* malade. — Le *bétail*. — Les *vitraux* d'une église. — Les *matériaux* précieux. — L'*épouvantail*, le *détail*, l'*éventail*, le *portail*, le *poitrail*, le *gouvernail*, l'*attirail*, la brebis rentrée au *bercail*, balayez avec ce *plumail*. — Le *sérail*, palais du Grand-Turc. — *Mettez au pl.*

J'ai perdu mon *aïeul* maternel. — Tu as encore tes deux ... — Cette dame est votre ... — Ce bien lui vient de ses ... paternels. — Il compte des rois parmi ses ... — Il a fait un *ciel* de lit. — Je ferai plusieurs ... de lits. — Cet artiste peint bien les ... — Des ... enflammés abaisse la hauteur. — Lycurgue perdit un ... dans une sédition. — Il n'y a pas d'... sur ce bouillon. — On a percé trois ... de bœuf. — Ces ... de perdrix sont mal faits. — Ce pain a de très-grands ... — Des ... de chat, des ... de serpent, espèces de pierres. — Oui, je perds les deux ... ; vous les avez perdus, ô sage du Deffant ! et nous ne verrons plus les sots dont la terre est couverte. — L'araignée a huit ... — La géographie et la chronologie sont les ... de l'histoire. — Paie ta vie par le *travail*. — Les ... champêtres. — Mes ... sont interrompus. — Il y a plusieurs ... dans la boutique de ce maréchal. -- Le ministre a présenté plusieurs ... dans le courant de ce mois.

21. Ecrivez *heure*, *demeure*, *beurre*, *leurre*. — Les autres subst. en *eur* sont sans *e* muet. —Les adj. en *eur* qui marquent une comparaison ont le f. en *eure*. — Ces adj. sont : *meilleur* (plus bon), *supérieur* (au-dessus), *inférieur* (au-dessous), *intérienr* (en dedans), *extérieur* (en dehors), *majeur* (important ou qui a atteint l'âge de jouir de ses droits); *mineur* (qui n'a pas atteint cet âge), *antérieur* (de devant, d'auparavant), *postérieur* (d'après, de derrière), *citérieur* (de ce côté-ci), *ultérieur* (de l'autre côté, en outre.)

Les *heures* s'écoulent rapidement. — Vous ne donnez qu'un jour, qu'une ... qu'un moment. -- Nous partirons de bonne ... — A la bonne ... — Rentre dans ta *demeure*. -- Habitant des ... célestes. -- Ce *beurre* est gluant. — Les anciens Bourguignons graissaient leurs cheveux avec du ... —J'ai mesuré la *long*.., la *larg*.. et l'*épaiss*.. de cette pièce de bois. -- Un *malh*.. amène quelquefois le *bonh*.. -- La tempérance est le *meill*.. médecin, la ... règle. -- Voilà les ... raisons, les ... motifs. -- La *haut*.. des montagnes. — La *profond*.. des rivières. — La doul.. *intér*.. ou *extér*.. -- Les maux ...... -- La rive *ultér*.. ou *citér*.. —- Le rivage ...... Mon fils est *maj*.., *min*.. — Ma fille est ...... — Les événemens *antér*.., *postér*.. -- La circonstance ...... — Les parties ...... du corps de l'animal. — L'Asie *min*.. — La *rig*.., la *vig*.., la *liq*.., la *rouq*.., la *pâl*.., la *terr*.., *l'horr*.., *l'honn*.., la *douc*.., la *coul*..

22. Les autres adj. en *eur* ont le f. en *euse*. — *Auteur*, *amateur*, *acquéreur*, *peintre*,

poète, *locataire*, *propriétaire*, n'ont pas de f. différent du m. — *Ambassadeur*, *ambassadrice*; *chasseur*, *chasseuse* ou *chasseresse*; *pécheur*, *enchanteur*, *vengeur*, *demandeur* (en justice), *défendeur*, *bailleur*, *vendeur* (qui a vendu un immeuble) changent *eur* en *eresse*. — *Devin*, *devineresse*; *empereur*, *impératrice*; *gouverneur*, *gouvernante*; *serviteur*, *servante*. — *Pêcheur* (de poisson), *vendeur* (marchand), *demandeur* (qui demande sans cesse), f. en *euse*.—*Borgne*, *ivrogne*, *pauvre*, pris adj., c'est-à-dire joints à un nom ou à un pr., ont le f. semblable au m.; mais on dit subst. *une borgnesse*, *ivrognesse*, *pauvresse*.

Nous cherchons un *dans..*, un *chant..*, un *brod..*; vous cherchez une .... Le bon *fais..*, la bonne ... — Il est *ment..*, *vol..*, *tromp..*; elle est .... — Il est *aut..* — Elle est ... — Mon père est *amat..* de tableaux.—Elle est ... de fleurs. — On annonça M. *l'ambassad..* et Mme l'... — Le *péch..* endurci. — La ... repentante. — Le ... à la ligne. — La ... de grenouilles. Les sons *enchant..*, la voix ... — Le bras *veng..*, la foudre ... — Dans ce procès je ne connais ni le demand.., ni le défend.., ni le baill.., ni le vend..; — Je ne connais ni la .... — Il est *vend..* d'habits, et sa femme ... d'herbes. — Chasse tous ces *demand..* et toutes ces ... — Écoutez-vous ces *devins menteurs*, et toutes ces ......? — Je suis la propriét.., la locat.. Diane la *chass..* — Le peuple ... — Elles sont vêtues en ... — Le *gouvern..* du prince. — Mme la ... — Pierre premier, *emper..* de Russie. — L'... Catherine. — Le fidèle *servit..* — Elle est votre ... — Il est *pauvre* et *borgne*. — Cette femme est ..... — Chassez cette *pauvr..*; elle est ... parce qu'elle ne veut rien faire. — Elle est *borgn..*; c'est une méchante ... — Le mari est un *ivrogne*, et la femme une ...

23. Adj. en *teur* qui ont le f. en *trice*.

Il est *accusat.., act.., administrat.., admirat.., adorat.., adulat.., admonit.., approbat.., audit.., bienfait.., calomniat.., coadjut.., compétit.., conciliat.., conduct.., conservat.., consolat.., coopérat... corrupt.., curat.., débit.., délat.., destruct.., dilaniat.., dictat.., direct.., dispensat.., dissipat.., dissimulat.., distribut.., donat.., élect.. émulat.., exécut.., faut.., générat.., instigat.., introduct.., institut., invent.., lect.., législat.., libérat.., modérat.., mot.., opérat.., persécut.., perturbat.., procurat.., protect.., réconciliat.., réformat.., spectat.., séduct.., tentat.., tut.., violat.., usurpat.., zélat..* Elle est ....

24. Ecrivez en lettres les nombres suivans, et remarquez que les nombres 21, 31, 41, 51, 61, 71, s'énoncent *vingt* ET *un*, etc. mais 81, 91, 101, ne prennent pas la conj. ET.

1, 2, 3, 4, 5, 6, 7, 8, 9, 10, 11, 12, 13, 14, 15, 16, 17, 18, 19, 20, 21, 22, 30, 31, 34, 40, 41, 45, 50, 51, 52, 60, 61, 69, 70, 71, 79, 80, 81, 83, 90, 91, 100, 101, 104, 1,000, 73, 75, 79, 83, 97, 92, 96, 95, 93, 94, 72, 69, 74, 99.

25. *Cent* au pl., et *quatre-vingts*, prennent une *s* quand ils ne sont pas suivis d'un nom de nombre. — *Mille*, nombre cardinal, est inv. — Ecrivez *mil*, *cent*, *quatre-vingt*, inv., pour exprimer LA DATE des années, parce qu'alors ces nombres sont ordinaux. En effet, *l'an trois cent*, *l'an mil sept cent*

quatre-vingt, sign. *l'an trois centième*, *l'an mil sept cent quatre vingtième* depuis la naissance de J.-C. Mais on écrirait *il y a huit cents ans*, *quatre-vingts ans*, parce qu'alors il s'agit du nombre des années. — *Mille*, mesure de chemin, est un subst. qui prend une *s* au pl. — *Million*, *milliard*, *billion*, *trillion*, etc., prennent *s* au pl. — On n'élide jamais l'*e* ou l'*a* final de l'art. devant *huit* : cette élision a rarement lieu devant *onze* ; l'*s* finale ne se fait jamais sentir devant l'un ni devant l'autre. — Appliquez la même règle aux dérivés *huitième*, *onzième*, etc.

Madagascar a 800 lieu.. de tour. — L'Espagne a 220 lieu.. de long.. sur 200 de larg.., et 500 ou 505 habit.. par lieu.. carr.. — Un homme qui pèse 100 liv.. a 4 liv.. de cervelle ; un bœuf qui pèse 900, n'en a que 3 liv.. — Ce général av.. 80 ans. — L'ouvrage coûte 84 francs, 94 écus. — 93 mètres. — Guillaume-le-Conquéran.. descend.. en Angleterre en 1,066. — Charlemagne fu.. couronn.. emper.. l'an 800. — Le globe terrestre a 3,000 lieu.. de diam.. et 9,000 de circonfér.. — Une circonfér.. de 22 pi.. en a 7 de diamètre ; ou, ce qui est encore plus exac.., un diam.. de 113 pi.. donne une circonfér.. de 355. — Bordeaux a 99,000 habitan.. Nantes 75,000, Paris, en 1820, en avait 713,765. — 2,300 ver.. à soi.. produis.. une livre de soie ; 27,650 araign.. n'en donn.. pas davantage. — Le système de Copernic fu.. publ.. à Nuremberg en 1513. — En l'année 1818 la populat.. de l'Europe étai.. évalu.. à 170,000,000 d'habitan.., celle de l'Asie à 333,000,000, celle de l'Afrique à 70,000,000, et celle de l'Amérique à 35,500,000 ; ce qui prod.. un total de 608,500,000 individ.. — Rome a subsist.. sous 7 rois pendan.. 244 ans; sous les consuls pendant 446 ans, sous 57 emper., pend., 519 ans; sous les rois Ostrogoths 92 ans, et sous 22 rois lombards 206 ans; total 1,507 ans jusqu'à l'an 800. -- Le ven.. le plus violen.. qu'il y ai.., celui qui renvers.. les édific.. et déracine les arbr.., parcour.. 162,000 mètres dans 1 heur..; le ven.. le plus dou.., et à peine sensib.., en parcour.. 1,800. -- Le monde subsist.. depuis 5,828 ans. -- L'Amérique fu.. découv.. en 1492. -- Constantinople fu.. prise par les Turcs le 29 mai 1455. -- L'Europe a environ 1,100 lieu.. de long.. et 960 de larg.. du nord au sud. -- L'Amérique a 3,125 lieu.. de long.. — Environ 3 *mill..* d'Angleterre fon.. une lieu.. de France. — L'île d'Anglesey a 20 ... de long sur 12 ou 14 ... de large; la circonfér.. est de 70 ... environ; Beaumaris, qui en est la capitale, est à 184 ... nord-ouest de Londres. — Donn..-moi l.. huitième volume. — Voy.. à l.. huitième page. — L'affaire fu.. remise à l.. huitaine. — Nous entrons en possess.. l.. 8 du mois. -- C'est aujourd'hui l.. 11. — Je revien.. pour l.. onzième fois. — Un sexagénaire est un homme âgé de 60 ans; un septuagénaire, de 70 ans; un octogénaire de 80; un nonagénaire, de 90 ans; un centenaire, de 100. — Le mille angl.., don.. le parlement a détermin.. l'étend.., est à peu près la 69e partie d'un degré de latitude.

26. *Demi* devant le subst. est inv.; après le subst., il en prend seulement le genre.—On l'écrit *demie*, subst. f. quand il n'est accompagné d'aucun subst. — *Nu*, *non compris*, *y compris*, *excepté*, inv. devant le subst., prennent l'accord quand ils le suivent. — *Ci-joint*, *ci-inclus*, inv. devant le nom sans art., s'accordent avec le nom précédé de

l'art., ou lorsqu'ils suivent le nom. — *Midi* et *minuit*, s. m. — *Mi*, signifiant *demi*, rend f. le subst. devant lequel il se trouve.

Nous av.. trois lieu.. et *demie* à faire. — Les ... dieu.. don.. vous sort.. — J'écoutai.. ces ... savan... — Je doi.. trois ... journ.. — Le vif-argen.. et l'arsenic son.. des ... métau.. — Il traça plusieurs ... circonf.. — J'ai sept liv.. et ... de sucre. — Trois quintau.. et ... de plomb. — La ... est sonn.. — Cette horloge sonne les ... — Av.. vous entend.. la ...? — Cette fraction vau.. neuf ... — Il se promenai.. *nu* tête, ... jamb.., ... pieds. — J'av.. les pieds ..., les jamb.. ..., la tête ... — Je n'ai que la *nue* propriét.. de cet immeub.. — *Excepté* ce jeune homme, ... sa mère, ... ses sœurs. — Ces dam.. ..., ces messieurs ... — Vous recevr.. *ci-joint* copie des deux notes. — Je v. envoi.. ... la copie de la lettre. — Copie de la lettre se trouvera ... — N. av.. ... quelq.. pièces important.. — Les détails ... v. instruir.. de tou.. — La lettre *ci-incluse* est adress.. à un de mes amis. — J'ai reçu les papiers, et je v. les renvoi.. ... — Je vous remets ... réponse à diff.. objec.. — V. recevr.. ... la copie de deux mémoir.. — Les lettr.. ... doivent être remi.. sur-le-champ. — *Non compris* ses pensions, il a 10,000 fr. de revenu. — Tu aura.. 300 fr. de pension, la gratification y ... — N. av.. 80 personn.. à nourr.. non ... cell.. qui survienn.. de temps à autre. N. dépens.. 3,000 fr. par an, les aumônes non ... — Non ... les liq.., n. av.. pay.. 19 fr. par tête. — V. étudierez les vers, la leçon ordinaire non ... — N. sort.. de cette maison à la mi-septembre. — Nou. étion.. déjà à la mi-octobre. — Les enf.. son.. rentr.. à huit heur.. et dem.. — Il était neuf heur.. moins un quart.

PROPOSITION SIMPLE : VERBE, PRONOM.

27. La PROPOSITION exprime ce que l'on pense d'une personne ou d'une chose.

Que pensez-vous du soleil? de la neige? de la glace? de l'eau? du feu? des cerises? du jeu? de de l'étude, etc. Le soleil est ....

28. La proposition renferme 1° le SUJET, ou la chose dont on parle; 2° l'ATTRIBUT ou ADJECTIF, c'est-à-dire la qualité, l'état ou l'action du sujet; 3° le VERBE, ou le mot qui affirme la qualité du sujet.

L'insecte est *peti..* — L'étoile est ...— Le diamant est *brillan..* — La flamme est ... — l'enfant est *dou..* — L'orange est ... — Ce frui.. est *mûr.* — Cette fraise est ...

29. Le PARTICIPE est un adj. qui marque l'action. Celui qui présente le suj. comme faisant l'action se nomme PARTICIPE PRÉSENT OU ACTIF; il est inv. et touj. terminé en ANT.

Mon frère *écrivant.* — Ma sœur ... — L'enfant *jouant.* — La chèvre ... — Le père *instruisant.* — La mère ... — L'écolier *écoutant.* — L'écolière ...

30. Le participe qui marque l'état du suj. lorsqu'on a exercé une action sur lui, se nomme PARTICIPE PASSÉ OU PASSIF. — C'est un véritable adj. qui s'accorde en genre et en nombre avec son substantif.

Le voile est *déchir..* — La toile est ... — Le fer est *bris..* — La roue est ... — L'œillet est *cueill..* — La rose est ... — Le vase est *fend..* —

La planche est ... — L'arbre est *déracin..* — La plante est ... — Le chêne est *abatt..* — La tour est ... — Le palais est *détrui..* — La forêt est ... — Ce peuple est *soumi..* Cette nation est ...

Analysez les ex. 27, 28, 29, 30, *et mettez au pl.*

31. Il n'y a véritablement qu'un seul verbe, le verbe ÊTRE ; on le nomme VERBE SUBSTANTIF, parce que lui seul affirme qu'un objet subsiste. — *Conjuguez et étudiez le verbe être.*

32. Le participe présent s'unit presque touj. au v. *être* pour ne former qu'un seul mot. Ainsi, au lieu de *il est lisant*, *il est jouant*, on dit *il lit*, *il joue*. — Ainsi se forment tous les verbes, nommés par cette raison VERBES ADJECTIFS. — *Décomposez les v. adj. suivans.*

Le quadrupède *écume*, et son œil *étincelle*. — Dieux ! son sang *coule* encore ! — Il pleut, le soleil *luit*. — Le tison *fume*. — Ce jeu *amuse*. — Le lion *rugit*. — Le taureau *mugit*. — Le malade *languit*.

---

33. Le verbe a cinq MODES ou manières de signifier, et des TEMPS qui indiquent l'époque de l'action.

LE MODE INDICATIF *affirme l'état ou l'action présente, passée ou future.*

TEMPS PRÉSENT.

Action actuelle ou habituelle.

Maintenant
Je suis écrivant.
Tu es ...
Elle est ...
N. sommes ...
V. êtes ...
Ils sont ...

T. IMPARFAIT.

Action pendant laquelle il en est survenu une autre.

J'étais occup..
Tu étais ...
Il était ...
N. étions ...
V. étiez ...
Ils étaient ...
lorsqu'on entra.

PRÉTÉRIT DÉFINI.

Action faite dans un temps dont il ne reste plus rien.

L'année dernière
Je fus attaq..
Tu fus ...
Ma sœur fut ...
N. fûmes ...
V. fûtes ...
Ils furent ...
d'une violente maladie.

PRÉT. INDÉFINI.

Action faite dans un temps indéterminé, ou dont il reste encore quelque chose.

Ce matin
J'ai été surpr..
Tu as été ...
On a été ...
N. av. été ...
V. av. été ...
Elles ont été ...

PRÉT. ANTÉRIEUR.

Action passée avant une autre exprimée par le prétérit défini.

Quand
J'eus été dépouill.
Tu eus été ...
Elle eut été ...
N. eûmes été ...
V. eûtes été ...
Elles eurent été...
les brigands s'éloignèrent.

PLUSQUE PARFAIT.

Action déjà passée quand une autre a eu lieu.

Lorsque le secours est arrivé,
J'avais été batt..
Tu avais été ...
L'armée av. été...
N. avions été ...
V. aviez été ...
Les troupes av. été ...

FUTUR.

Action qui se fera.

Demain
Je serai inscr..
Tu seras ...
On sera ...
N. serons ...
V. serez ...
Elles seront ...

FUTUR PASSÉ.

Action qui sera déjà faite quand une autre aura lieu.

Quand
J'aurai été recon..
Tu auras été ...
Elle aura été ...
N. aurons été ...
V. aurez été ...
Ces MM. auront été ...
on donnera à chacun sa part.

LE MODE CONDITIONNEL *exprime qu'une action aurait lieu, moyennant une condition.*

C. PRÉSENT.

Si un tigre paraissait,
Je serais effray..
Tu serais ...
On serait ...
N. serions ...
V. seriez ...
Elles seraient ...

COND. PASSÉ.

Si la lune s'était montrée,
J'aurais été découv..
Tu aurais été ...
Elle aurait été ...
N. aurions été ...
V. auriez été ...
Elles auraient été.

LE MODE IMPÉRATIF *ordonne ou défend que l'action se fasse.*

Sois satisf..
Soyons ...
Soyez ...

LE MODE SUBJONCTIF *indique le doute, la crainte, le désir que l'action ait lieu.*

PR. DU SUBJ.

Touj. gouverné par un présent ou un futur.

On veut, il faut, on exigera
Q. je sois chois..
Q. tu sois ...
Qu'il soit ...
Q. n. soyons ...
Q. v. soyez ...
Qu'elles soient ...

IMP. DU SUBJ.,

Gouverné par un temps passé ou un conditionnel.

Il fallait, on avait désiré, on voudrait
Q. je fusse soum..
Q. tu fusses ...
Qu'il fût ...
Q. n. fussions ...
Q. v. fussiez ...
Qu'elles fussent..

PRÉT. DU SUB.

Indique le doute, etc., qu'une action ait eu lieu.

On doute
Q. j'aie été instr..
Q. tu aies été ...
Qu'elle ait été ...
Q. n. ayons été ...
Q. v. ayez été ...
Qu'ils aient été..

PL. PARF. DU SUB.

Il indique que l'on doutait, etc., qu'une chose eût déjà été faite.

On voulait
Q. j'eusse été appel..
Q. tu eusses été ...
Qu'il eût été ...
Q. n. eussions été ...
Q. v. eussiez été ...
Q. tes sœurs eussent été ...

LE MODE INFINITIF *exprime l'action sans l'attribuer à aucun sujet. Il est invariable.*

PRÉSENT.

Pour être aimé, il faut être aimable.

PRÉTÉRIT.

Que sert, à l'heure de la mort, d'avoir été puissant?

PART. PRÉSENT.

Dieu étant juste, le crime sera puni,

34. Le PRONOM représente, 1° la personne qui parle, ou la 1re pers., par les mots JE, ME, MOI; pl. NOUS. — 2° La pers. à qui l'on parle, ou la 2e pers., par les mots TU, TE, TOI; pl. VOUS. — 3° La personne ou la chose dont on a parlé, ou la 3e pers., par les mots IL, ELLE, LUI, LE, LA; pl. ILS, ELLES, EUX, LES, LEUR; EN, Y, SE, SOI, sing. et pl. — Le pron. de la 3e pers. est le seul qui remplace véritablement le nom : il s'accorde en genre et en nombre avec le nom auquel il se rapporte.

Je suis *inconn..* — Tu es ... — Cette île fut ... — Je connais cette dame; elle est ... ici. — Je suis *afflig..* — Voilà ma sœur; elle est ... — Voyez cet enfan.., comme il est ...! — Je suis *surp..* — Les ennemis arrivèrent; ils furent ... — Cette dame v. voit, elle est ... — Tu es ... — Mesdames, v. êtes ... — Ma fille, tu es ... — Je suis *perd..* — Où est votre montre? Elle est ... — Douce tranquillité! tu es ... pour moi. — Messieurs, v. êtes ... dans ce bois. — Je suis *batt..* — Cette pauvre femme! elle est ... tous les jours. — Où sont nos vaisseaux? Ils sont ... par la tempête.

35. Les pron. *je*, *tu*, *il*, *ils*, et le nom personnel *on*, sont touj. suj. du verbe suivant. — Le v. s'accorde en nombre et en pers. avec son suj. — La 1re et la 2e pers. sont terminées par *s*, la 3e par *t*. — La 1re et la 3e pers., terminées par *e* muet, n'y ajoutent rien. — Les v. en *dre* prennent *ds* aux deux 1res pers., et *d* à la 3e.

Je *parl..* — tu ... — On ... — Je *boi..* — On ... — Il ... — Cet homme ... — Tu ... — elle ...

— Je *ri*.. — Tu ... — On ... — Il ... — Cet enfant ... — Tu *voi*.. — Je ... — Il ... — Le chien *mor*.. — Tu ... — Je ... — Il ... — Elle ... — L'ennemi *fui*.. — Tu ... — Je ... — On ... — Tu *vien*.. — Elle ... — On ... — Mon frère ... — Je ... — Tu *men*.. — Il ... — Je ... — On ... — Elle ... — Je *li*.. — L'écolier ... — On ... — Tu ... — Elle ...

36. La 1re pers. du pl. se termine en *ons*, la 2e en *ez*, la 3e en *ent*.

Mettez l'ex. précédent au pl., et changez on *en* ils.

37. Les v. français sont divisés en 4 classes ou conjugaisons; la 1re a l'inf. terminé en *er*; la 2e en *ir*; la 3e en *oir*; la 4e en *re*.

Il y a 5 temps que l'on nomme PRIMITIFS, parce qu'ils servent à former les autres, savoir.

PRÉS. IND.	PRÉT. DÉF.	INFINITIF.	PART. PRÉS.	PART. PASSÉ.
Je mêle	mêlai	mêler	mêlant	mêlé
— agis	agis	agir	agissant	agi
— bous	bouillis	bouillir	bouillant	bouilli
— fuis	fuis	fuir	fuyant	fui
— dors	dormis	dormir	dormant	dormi
— offre	offris	offrir	offrant	offert
— pars	partis	partir	partant	parti
— sens	sentis	sentir	sentant	senti
— sers	servis	servir	servant	servi
— vêts	vêtis	vêtir	vêtant	vêtu
— prévois	prévis	prévoir	prévoyant	prévu
— pourvois	pourvus	pourvoir	pourvoyant	pourvu
— sursois	sursis	surseoir	sursoyant	sursis
— assois	assis	asseoir	assoyant	assis
— bats.	battis.	battre.	battant.	battu.

PRÉS. IND.	PRÉT. DÉF.	INFINITIF.	PART. PRÉSENT.	PART. PASSÉ.
crains	craignis	craindre	craignant	craint
conclus	conclus	conclure	concluant	conclu
cuis	cuisis	cuire	cuisant	cuis
couds	cousis	coudre	cousant	cousu
crois	crus	croire	croyant	cru
croîs	crûs	croître	croissant	crû
connais	connus	connaître	connaissant	connu
écris	écrivis	écrire	écrivant	écrit
détruis	détruisis	détruire	détruisant	détruit
mets	mis	mettre	mettant	mis
mouds	moulus	moudre	moulant	moulu
perds	perdis	perdre	perdant	perdu
rends	rendis	rendre	rendant	rendu
résous	résolus	résoudre	résolvant	résolu
plais	plus	plaire	plaisant	plu
ris	ris	rire	riant	ri
nuis	nuisis	nuire	nuisant	nui
romps.	rompis	rompre	rompant	rompu
vaincs	vainquis	vaincre	vainquant	vaincu
vis	vécus	vivre	vivant	vécu
nais.	naquis.	naître.	naissant.	né.

38. On appelle TEMPS SIMPLES, ceux qui sont formés sans le secours d'aucun autre v. : *je dors*, *il lisait*. On appelle COMPOSÉS, ceux que l'on forme à l'aide d'un autre v. joint à celui que l'on conjugue, comme *j'ai formé*, *il est venu*.

Les v. au moyen desquels on forme les temps composés, se nomment AUXILIAIRES. Nous n'en avons que deux dans notre langue : AVOIR et ÊTRE.

On appelle RÉGULIERS les v. dont les temps se forment de leurs primitifs, d'après les règles du tableau ci-joint.

TABLEAU

Au moyen duquel on peut conjuguer tous les verbes qui ont l'infinitif terminé en ER.

PRÉSENT DE L'INDICATIF.

Je li *e*.
Tu li *es*
Il li *e*.

Le présent de l'indicatif n'est primitif qu'au singul. — Tous les v. de la première conjugaison se terminent par *e* muet au prés. de l'indicatif.

IMPÉRATIF.

Li *e*
•
Li *ons*
Li *ez*
•

L'impératif se forme, dans toutes les conj., du présent de l'ind., dont on supprime les pronoms *je*, *nous*, *vous*. — Ainsi, dans la première conj. et dans tous les verbes dont le prés. de l'ind. est terminé par un *e* muet, l'impér. quoiqu'à la seconde personne, se termine aussi par un *e* muet sans *s*.

Les troisièmes personnes manquent dans l'impérat. On y supplée par les troisièmes personnes du subjonctif.

PRÉTÉRIT DÉFINI.

Je li *ai*
Tu li *as*
Il li *a*
N. li *âmes*
V. li *âtes*
Ils li *èrent*.

Les verbes de la prem. conjugaison sont les seuls dont le prét. défini se conjugue en *ai*, *as*, *a*, etc.

La troisième pers. du prét. défini dans la prem. conjug. est terminée par un *a* sans *t*.

IMP. DU SUBJ.

Q. je li *asse*
Q. tu li *asses*
Qu'il li *ât*
Q. n. li *assions*
Q. v. li *assiez*
Qu'ils li *assent*.

L'imparf. du subj. se forme dans toutes les conj. de la seconde personn. sing. du prét. défini, à laq. on ajoute *se*.

Les verbes de la prem. conj. sont les seuls qui aient l'imp. du sub. en *asse*.

Tous les imp. du subj. ont deux *s*, excepté à la trois. pers. du singul. qui prend un ^.

PRÉSENT DE L'INFINITIF

Li *er*.

FUTUR SIMPLE.

Je li *erai*
Tu li *eras*
Il li *era*
N. li *erons*
V. li *erez*
Ils li *eront*.

On forme le futur simple du présent inf. en changeant *r* ou *re* en *rai*, dans toutes les conjugaisons.

CONDITION. PR.

Je li *erais*
Tu li *erais*
Il li *erait*
N. li *erions*
V. li *eriez*
Ils li *eraient*.

On forme le cond. pr. du fut. simple en ajoutant *s*.

Dans la prem. conjug. le fut. et le condition. prennent un *e* muet dev. l'*r*.

Souvenez-v. q. l'*y* se change en *i* devant un *e* muet. Ainsi essay *er* fait j'essai *e* j'essai *erai* ils essai *ent*.

PARTICIPE PRÉSENT.

Li *ant*

PL. DU PR. IND.

N. li *ons*
V. li *ez*
Ils li *ent*.

Le plur. du présent ind. se forme du part. présent par le changement de *ant* en *ons*, *ez*, *ent*.

IMP. DE L'IND.

Je li *ais*
Tu li *ais*
Il li *ait*
N. li *ions*
V. li *iez*
Ils li *aient*.

On forme l'imp. de l'ind. du part. prés. en chang. *ant* en *ais*.

PRÉS. DU SUBJ.

Q. je li *e*
Q. tu li *es*
Qu'il li *e*
Q. n. li *ions*
Q. v. li *iez*
Qu'ils li *ent*.

On forme le prés. du subj. du part. prés., en chang. *ant* en *e* muet. Dans toutes les conj. le pr. du subj. se term. donc par un *e* muet.

PARTICIPE PASSÉ.

Li *é*.

TEMPS COMPOSÉS.

Prét. indéfini. J'ai li *é*.
Prét. antérieur. J'eus li *é*.
Plusq. parf. J'avais li *é*.
Futur comp. J'aurai li *é*.
Cond. passé. J'aurais li *é*.
Pr. du subj. Q. j'aie li *é*.
Pl. p. subj. Q. j'eusse li *é*.
Pr. de l'inf. Avoir li *é*.
Part. passé. Ayant li *é*.

TEMPS COMPOSÉS D'UN VERBE QUI SE CONJUGUE AVEC ÊTRE.

Prét. indéf. Je suis resté.
Prét. ant. Je fus resté.
Pl. parf. J'étais resté.
Fut. comp. Je serai resté.
Cond. pass. Je serais resté.
Prét. du subj. Que je sois resté.
Pl. p. du subj. Q. je fusse resté.
Prét. inf. Être resté.
Part. passé. Étant resté.

Les temps composés se forment d'un temps du verbe *avoir* ou du verbe *être*, auquel on joint le participe passé du verbe que l'on conjugue.

Ainsi le v. *avoir* et le v. *être* sont touj. suiv. du part. passé.

Les deux premières pers. pl. de l'imparf. de l'ind. et du présent du subj. se forment du part. présent, dans lequel on change *ant* en *ions*, *iez*. Ainsi les verbes qui ont le part. prés. en *iant* ou *yant*, ont ces deux personn. en *iions*, *iiez*, ou *yions*, *yiez*.

TABLEAU

Au moyen duquel on peut conjuguer tout verbe dont on connaît les temps primitifs.

PRÉS. DE L'INDICATIF.	PRÉTÉRIT DÉFINI.	PRÉSENT DE L'INFINITIF.	PARTICIPE PRÉSENT.	PARTICIPE PASSÉ.
Je connais Tu connais Il connaît. IMPÉRATIF. Connais Connaissons Connaissez.	Je connus Tu connus Il connut Nous connûmes Vous connûtes Ils connurent. Observez que dans tous les verbes qui ne sont pas de la première conj., le prét. défini prend un *t* à la trois. pers. du sing. IMPARFAIT DU SUBJ. Que je connusse Que tu connusses Qu'il connût Que nous connussions Que vous connussiez Qu'ils connussent.	Connaître. FUTUR SIMPLE. Je connaîtrai Tu connaîtras Il connaîtra Nous connaîtrons Vous connaîtrez Ils connaîtront. CONDITIONNEL PRÉSENT. Je connaîtrais Tu connaîtrais Il connaîtrait Nous connaîtrions Vous connaîtriez Ils connaîtraient. On voit que les verbes qui ne sont pas de la première conj. ne prennent pas un *e* muet devant l'*r* au futur ni au cond.	Connaissant. PL. DU PRÉS. INDICAT. Nous connaissons Vous connaissez Ils connaissent. IMPAR. DE L'INDICATIF. Je connaissais Tu connaissais Il connaissait N. connaissions Vous connaissiez Ils connaissaient. PRÉSENT DU SUBJONCTIF. Que je connaisse Que tu connaisses Qu'il connaisse Q. nous connaissions Que vous connaissiez Qu'ils connaissent.	Prétérit indéfini. J'ai connu. Prétérit antérieur. J'eus connu. Plusque parfait. J'avais connu. Futur passé. J'aurai connu. Condit. passé. J'aurais connu. Prétér. subj. Q. j'aie connu. Plusquep. subj. Q. j'eusse connu. Prétérit de l'inf. Avoir connu. Part. passé. Ayant connu.

Copiez et étudiez ces deux tableaux.

39. Il n'y a que 3 inf. terminés en *oire : boire*, *croire* et *accroire*. — Terminez par *e* muet *frire*, *rire*, *sourire*, *maudire*, et tous les v. qui ont leur part. prés. en *ivant* ou en *isant*. — *Répandre* et *épandre* sont les seuls v. en *andre* par un *a*; *contraindre*, *craindre*, *plaindre*, les seuls v. en *aindre* par un *a*; les autres sont en *eindre*. — L'inf. est inv. — Nous prouverons, au chapitre des compléments, qu'un v. doit être mis à l'inf. quand il est le C. d'un autre v. ou d'une préposition, comme *à*, *de*, *pour*, *par*, *sans*.

N. égorg.. ce peuple au lieu de le gagn.. — Madame, votre cœur doi.. v. instr.. assez. — Où va..-tu cour..? — le chev.. n'a cess.. de henn..

Un poète avait fait ce vers boursouflé : fai..-lui boi.. la mort dans la coupe sacrée. On le parodia ainsi en parlant d'un cheval : fais-lui mang.. la mort dans un boisseau d'avoine. Le financier se plaignai.. que les soins de la providence n'euss.. pas, au marché, fai.. vendre le dorm.. comme le mang.. et le boi.. — Siècles futurs, v. ne pourr.. le croi..; j'ai vu mon verre plein et je n'ai pu le boi.. — Philosophes rêveurs qui pensez tout sav.., ennemis de Bacchus, rentrez dans le dev..; vous vous en faites trop accr..; allez, vieux fous, allez appr.. à boi.. — Dans l'art dangereux de rim.. et d'écr.., il n'est point de degré du médiocre au pire. Autrefois Carpillon frelin eut beau prêch.., il eut beau di..; on le mi.. dans la poêle à fri.. — Tous deux au Styx allèrent boi..; tous deux à nag.. malheureux, allèrent trav.., au séjour ténébreux, bien d'autr.. fleuv.. q. les nôtr.., — Souffr.. plutôt que mour.., c'est la devise des hommes. — V. euss.. vu, par un effet contraire, leurs fronts pâl.. d'horr.., et roug.. de colère. — Bâti.. des villes, c'e.. se rendr.. utile aux hommes; les détrui.., c'e.. se déclar.. ennemi de la sociét.. — On doit ob.. aux lois. — Loin de haï.. les méch.., il fau.. les pl.., et tâch.. de les convert.. à la vertu. — V. pouv.. ét.. le feu des guerr.. civil.. — Ces vers son.. beaux, je vai.. les transcr.. — Il n'y a plus de loups en Angleterre, on e. parvenu à les détr.. — Aux soins de l'avenir l'esprit ne peu.. suff.. — On sera ridicule e. je n'oserai ri..? — Qui peut att.. à la perfection? — J'ai su le contr.. à se tai.. — Je ne pui.. feindre d'estim.. les méch.. — Il sai.. p.. en miniature. — Je dois cr.. de vous offens.. — Je croyai.. n'av.. plus de larmes à rép.. — Quel bras peu.. v. susp.., innombrab.. étoiles !

40. Tous les v. de la première conj. terminent le prés. de l'ind. par *e* muet : *j'avoue*, *je jure*, *je conseille*. — Les v. dont l'inf. est en *ger*, prennent *e* après le *g*, et les v. en *cer* une cédille sous le *c* devant les lettres *a*, *o*. — *Je mangeais*, *nous logeons*, *nous annonçons*, *il força*. — Les v. de la 1re conj., dont la dernière syllabe est précédée d'un *e* muet, comme *élever*, *promener*, prennent un accent grave sur ce même *e*, lorsque la syllabe suivante est muette. Je me *promène*, *il se lève*, *je pèserai*. — L'e qui précède la dernière syllabe du fut. est toujours muet; ne dites point je *trouvèrai*. — Les v. en *eter*, *eler*, doublent *t* ou *l* devant un *e* muet : *nous jetons*, *il harcela*, et *il jette*, *il harcellera*. Mais si l'*e* qui précède *t* ou *l* n'est pas muet, on ne double en aucun cas la consonne suivante. *Méler*, *tempéter*, font *je méle*, *il tempéte*. — *Acheter*, ne double pas le *t*; *céler*, *décéler*, *recé-*

ler, *geler*, *dégeler*, *regeler*, *congeler* et *peler*, ne doublent jamais *l*. — On emploie Y au lieu d'I entre deux voyelles : *Essayer*, *déployons*, *voyant*. Mais devant une syllabe muette, mettez I et non Y. Ainsi vous écrirez : *j'essaie*, *il déploiera*, *qu'il voie*. Par la même raison, écrivez *joyeux*, *payeur*, *et* la *joie*, *la paie*.

Les v. qui ne prennent pas *e* muet au prés. ind., prennent *s*, *s*, *t* : *je dis*, *tu dis*, *il dit*. — Les v. en *dre* prennent au pr. ind. *ds*, *ds*, *d* : *je rends*, *tu rends*, *il rend*. — Les v. en *indre*, et *absoudre*, *dissoudre*, *résoudre*, prennent *s*, *s*, *t*, sans *d*. — *Vaincre*, *convaincre*, prennent *cs*, *cs*, *c*.

Crier, trouer, éternuer, nager, ronger, crever, percer, tracer, enfoncer, durer, respirer, ramener, soulever, concilier, conseiller, humilier, habiller, appuyer, employer, caqueter, ficeler, niveler, empaqueter, bêler, fêler, apprêter, arrêter, tempêter, répéter, seller, créer, agréer, suppléer, rougir, pâlir, subir, fuir, perdre, tordre, attendre, craindre, éteindre, feindre, vaincre, convaincre, croire, rompre, résoudre, battre, mettre, conclure, coudre, croître, revêtir, souffrir, transcrire, lire, nuire, construire. — *Conj. le prés., l'imparf., le fut., etc., de ces v.*

41· *VERBES IRRÉGULIERS.*

1. **Je** vais	**J'allai**	aller	allant	allé
2. — envoie	envoyai	envoyer	envoyant	envoyé
3. — cours	courus	courir	courant	couru
4. — acquiers	acquis	acquérir	acquérant	acquis
5. — cueille	cueillis	cueillir	cueillant	cueilli
6. — assaille	assaillis	assaillir	assaillant	assailli
7. — —	faillis	faillir	faillant	failli
8. — meurs	mourus	mourir	mourant	mort
9. — tiens	tins	tenir	tenant	tenu
10. — viens	vins	venir	venant	venu
11. — assieds	assis	asseoir	asseyant	assis
12. — dois	dus	devoir	devant	dû
13. — meus	mus	mouvoir	mouvant	mû
14. — vois.	vis.	voir.	voyant.	vu.

15. Je puis	pus	pouvoir	pouvant	pu
16. — sais	sus	savoir	sachant	su
17. — vaux	valus	valoir	valant	valu
18. — veux	voulus	vouloir	voulant	voulu
19. Il faut	fallut	falloir	fallant	fallu
20. Il pleut	plut	pleuvoir	pleuvant	plu
21. — absous	—	absoudre	absolvant	absous
22. — dissous	—	dissoudre	dissolvant	dissous
23. — trais	—	traire	trayant	trait
24. — bois	bus	boire	buvant	bu
25. — dis	dis	dire	disant	dit
26. — fais	fis	faire	faisant	fait
27. — prends.	pris.	prendre.	prenant.	pris.

Copiez et étudiez ce tableau.

42. *Irrégularités.* — Dans ce qui suit, nous ne présentons que les irrégularités : ce qui ne s'y trouve pas se forme régulièrement. — Les composés et les analogues se conj. comme les v. d'où ils viennent. — Nous omettons les pronoms.

Vais, vas, va, vont ; irai ; aille, *s*, *e*, *ent*. — S'en aller veut le pr. EN devant l'auxiliaire : Je m'EN suis allé. — 2. Enverrai. — 3. Courrai. — 4. Ils acquièrent, qu'il acquière, *es*, *e*, *rent;* acquerrai. — 5. Cueillerai. — 6. Assaillerai. — 8. Ils meurent ; q. je meure, *es*, *e*, *ent*. — Mourrai. — 9. Ils tiennent ; q. je tienne, *es*, *e*, *nnent;* tiendrai. — 10. Ils viennent ; q. je vienne, *es*, *e*, *nnent;* viendrai. — 11. Assiérai ou asséierai. — Ils doivent ; q. je doive, *es*, *e*, *vent ;* devrai. — On conj. ainsi tous les v. en *cevoir*, en mettant après le *c* de ces v. ce qui suit le *d* du v. devoir. — 13. Ils meuvent ; q. je meuve, *es*, *e*, *vent* ; je mouvrai. — 14. Verrai. — 15. Tu peux, peut, peuvent ; pourrai ; q. je puisse, *es*, *e*, *ssions*, *ssiez*, *ssent*. — 16. Savons, *ez*, *ent*. — Savais. — Saurai. — Sache. — 17. Vaudrai. — Q. je vaille, *es*, *e*, *ent*. — 18. Voudrai. — Veuillez. — Q. je veuille, *es*, *e*, *ent*. — Faudra. — Qu'il faille. — 20. Pleuvra. — 21. Absous, absoute. — 22. Dissous, dissoute. — 24. Q. je boive, *es*, *e*, *ent*. — 25. Vous dites, redites, et vous contredisez, dédisez, interdisez, médisez, prédisez. — 26. Faisons ou fesons ; faites, font. — Faisais ou fesais. — Ferai. — Fasse, *es*, *e*, *ssions*, *ssiez*, *ssent*. — 27. Ils prennent. — Q. je prenne, *es*, *e*, *ent ;* deux *n* devant *e* muet. — Prévaloir, comme valoir ; subj. q. je prévale, par une seule *l*.

Conj. complètement tous ces temps.

43. *Verbes défectifs.* — Les inf. marqués d'un * sont inusités. — *Gésir* * (être couché, situé.) Il gît, ils gisent ; il gisait, ils gisaient ; gisant. — *Issir* * (tirer son origine.) Issu, issue.

— ***Férir*** (frapper), sans coup férir; féru, férue (occupé, épris.) ***Ouïr*** (entendre.) Prét. déf. j'ouïs, etc.; imp. sub. que j'ouïsse, etc.; temps comp. j'ai ouï, etc., avec les inf. dire, raconter — ***Quérir*** (chercher), avec les v. aller, venir, envoyer.

Apparoir (être évident, manifeste.) Il appert. — ***Choir*** (tomber.) Part. passé. chu.—***Ravoir***.— ***Promouvoir*** (élever à un grade, à une dignité), les temps comp. j'ai promu, etc. — ***Seoir*** (tenir séance.) Séant, sis, sise (situé.) — ***Seoir*** * (être convenable, aller bien.) Il sied, ils siéent; il séyait, ils séyaient; il siéra, ils siéront; il siérait, ils siéraient; qu'il siée, qu'ils siéent; séyant. — ***Messeoir*** * (ne pas convenir) se conj. comme seoir.

Accroire. — ***Décroire*** *. Je ne crois ni ne décrois; seule phrase où ce verbe soit usité. — ***Braire***. Il brait, ils braient; il braira, ils brairont; il brairait, ils brairaient.—***Bruire***. Il bruyait, ils bruyaient; bruyant. — ***Clore***. Je clos, tu clos, il clot; je clorai, etc.; je clorais, etc. Impér. clos. — Qu'il close. — Part. clos, close. — ***Enclore***, de même. — ***Eclore***. Il éclot, ils éclosent; il éclora, ils écloront; il éclorait, ils écloraient; qu'il éclose, qu'ils éclosent; éclos, éclose. Conj. avec être. — ***Duire*** (plaire.) Il duit. — ***Frire***. Je fris, tu fris, il frit; je frirai, etc.; je frirais, etc. Impér. Fris. part. frit, frite. Les temps comp. et les autres temps se forment du v. faire, joint à l'inf. frire. N. faisons frire, etc. ***Poindre*** (piquer, percer, paraître.) Il point; il poindra; poignant; poignante, adj. — ***Soudre*** (résoudre) un problème. — ***Sourdre*** (se dit de l'eau qui perce la terre.) Il sourd, ils sourdent. — ***Tistre*** *, tissu, tissue. — ***Forfaire*** (agir contre le devoir.) Elle a forfait à l'honneur. — ***Méfaire*** (faire une mauvaise action.) — ***Copiez et étudiez cet exercice.***

44. Exercice sur l'orthographe de tous les temps et de toutes les pers. des v. Les exem-

ples de ces exercices seront mis successivement au sing. et au pl. de chaque temps et de chaque mode, excepté aux *temps composés*. Observez en outre ce qui suit :

Bénir, sign. chérir, louer, souhaiter du bonheur, fait au part. *béni*, *bénie*; sign. consacré par les prières des prêtres, fait *bénit*, *bénite*. — On dit *florissait*, *florissant*, en parlant de la prospérité des personnes et des choses, seulement à l'imparf. et au part. prés. ; le reste est selon l'inf. *Fleurir*, sur *finir*. — *Couvrir*, sur *offrir*. *Couver*, 1re conj. — *Recouvrir*, couvrir ce qui était découvert, sur offrir ; *recouvrer*, récupérer, 1re conj. — *Repartir*, partir de nouveau, ou répondre, sur *partir* ; *répartir*, distribuer, sur *finir* ; *réparer*, 1re conj. — *Saillir*, s'avancer en dehors, sur *cueillir* ; *saillir*, s'élancer, jaillir, sur *finir*.

Première conjugaison. ***Jurer***. Je ... de ne jam.. manq.. aux lois de l'honn.. — Tu ... de me serv..— Elle ... de v. ob.. — ***Désirer***. Je ... rassemb.. mes amis. — Il ... les vains honn.. — Tu ne ... point d'acquér.. la vraie gloire. — ***Suer***. Je ... sang et eau. — Il ne ... jam.. — Tu ... facilement. — ***Plier***. L'arbre tien.. bon, le roseau ... — Tu ... les genoux. — Cette épée ... jusqu'à la garde. — Je ne ... pas encore ma lettre. — L'infanterie ... d'abord. — ***Tuer***. La lettre ..., et l'esprit vivif.. Je ... des mouches. — Il se ... à cour.. — ***Avouer***. Je v. ... mes erreurs. — On t'... la vérité — Elle n ... ses torts. — ***Créer***. Dieu ... par sa toute-puissance. — Tu te ... des chimères. — Je me ... des plaisirs innoc.. — ***Suppléer***. Je ... la somme. — Tu ... les fonds. — La vertu ... à la naissance. ***Agréer***. J'... votre hommage. — Tu ... ma demande. — Il ... vos resp.. — ***Essayer***. On ... de

v. amus.. — Tu ... de le persuad.. — J'... de dorm.. — Le jeune ois.. s'... à vol.. — ***Déployer.*** L'aigle ... ses ailes. — Je ... toute mon éloquence. — Tu n. ... tout ton savoir. — On ... peu d'énergie. — ***Essuyer.*** Je m'... les mains. On ... vos larmes. — Tu ... la table. — Le vaiss.. ... une rude tempête. — ***Mener.*** Il n. ... à la promenade. — Je les ... à l'école. — Tu n. ... où tu veux. — On ne n. ... pas ainsi. — ***Forcer.*** Tu me ... à parl.. — On les ... à n. suivr.. — ***Semer.*** Tu ... des oignons. — Je ... du blé. — On ... du chanvre. ***Enlever.*** Je leur ... cette gloire. — Il n. ... cet honn.. — Il v. ... la victoire. — On n. ... nos biens. — ***Songer.*** Tu ... à m'offens.. — Elle ... à n. divert.. — On ... à les chass.. — Je ... à repart. — ***Juger.*** Tu me ... mal. — Je les ... incapab.. de me tromp.. — Il n. ... dign.. d'estime. — ***Appeler.*** Je t'... à mon secours. — Tu n. ... à toi. — Elle ne m'... pas. — On n. ... — ***Harceler.*** Tu n. ... sans cesse. — L'ennemi les ... — Je les ... — On v. ... — ***Béqueter.*** L'ois.. ... les raisins. — Petit ois.., tu ... mes fruits. — ***Cacheter.*** Je ... ma lettre. — Voilà les lettres, on les ... — Tu ... ce billet. — ***Mêler*** *. Tu ... ton fil. — Elle ... son écheveau. — Je ... mes cheveux. — On ... l'agréable à l'utile. — ***Fêter.*** On v. ... partout. — Tu n. ... beaucoup. — Il me ... toujour. — ***Céler, déceler, recéler.*** Je ne v. *c..* rien. — Elle n. ... sa posit.. — Cette plante *rec..* un poison subt.. — Elle ... des effets dérob.. — Tu ... toutes les hardes vol.. — Votre conduite *déc..* une âme vile. — Tu me ... par ce disc.. — ***Geler, dégeler, regeler.*** Il *g..* très-fort. — Tu me ... la main. — Je ... — Il *dég..*, il *reg..* — ***Dépécer.*** Je ... de la viande. — Tu ... un vieux bateau. — On ... la baleine.

Seconde conjugaison. Rougir. Je ... de v. fréquent.. — Tu ... de te trouv.. ici. — On ... de les

* Emmêler n'est pas un mot français.

abandonn.. — *Avertir*. On les ... de part.. — Tu n. ... de n. prépar.. — Je v. ... de sort.. — *Bénir*. Dieu a ... cette famille. — J'ai ... le moment de votre arriv.. — Tu as ... ton fils. — Cette chandelle est ... — Voilà un cierge ..., de l'eau ..., du pain ... — *Fleurir*. La vigne ... dans cette saison. — Belle rose! tu ... pour quelques instants. — Le commerce ... dans ce pays. — L'empire ... sous ce grand prince. — Le royaume est ... — La science ne ... point au milieu des discordes civ.. — *Haïr*. Je ne te ... point. — Tu n. ... — On v. ... partout. — On les ... ici. — Le paress.. ... le trav.. — *Ouvrir*. Tu m'... un passage. — On ... une carrière. — Je t'... la porte. — *Couvrir* et *couver*. un orage ... — Il se ... devant le roi. — Tu ... une maladie. — Elle ... sa fille des yeux. — Ce sauvage se ... d'une peau d'ours. — *Recouvrir* et *recouvrer*. On ... les fauteuls d'étoffe. — Je te ... les pieds. — Tu ... difficilement la vue. — On ... la sant.. à force de privat.. — Elle ... le lit d'un tap.. rouge. — Il ... sa fortune. — Je ... votre estime. — Tu ... le malade. — *Souffrir* et *soufrer*. On ne te ... pas ici. — Je ... des allumettes. — Il ... de la poitrine. — Je ne ... nullement. — Je ... des bas de soie pour les blanch.. — Sa modestie ... quand on le lou.. — Il ... trop son vin. *Revêtir*. Elle ... les pauvres. — On ... cette terrasse de gazon. — Je te ... de mon autor.. — Je le ... de mes pouvoirs. — *Accourir*. Il ... au moindre bruit. — J'... pour v. aid.. — Tu ... pour me soute.. — *Servir* et *serrer*. — Ce livre ne me ... à rien. — Je le ... de mon crédit. — Il me ... la main. — Je ... mes pap.. ici. — Tu me ... les doigts. — Tu me ... un excellent morc.. — Je me ... de ce couteau. — On ... l'argenterie dans cette armoire. — *Cueillir*, *accueillir*, *recueillir*. Je c.. des poires et tu ... des pommes. — Il *acc..* froidement ses amis; je ne les ... pas ainsi. — Elle *rec..* le fruit de ses trav..; je les ... avec elle. — *Saillir*, *assaillir*, *tressaillir*.

Une pointe de rocher *s*.. de quelq.. pouces. — Ce marbre ne ... pas assez. — Cette corniche ... trop. — Le jet d'eau ... à une grande haut.. — Le sang ... avec force. — Une source d'eau vive ... du rocher. — Il m'*ass*.. de sott.. quest.. — La tempête n. ... —Tu m'... de complim.. — Je *tress*.. en l'entendant nomm.. — On ... d'y pens.. — Tu ... de peur. — *Dormir* et *dorer*. Je ... tranq.. — Tu ... mal sur les lits de plume. — On ne ... point quand on a tant d'esprit. — Elle ... sur l'herbe. — Tu ... sur bois. — Je ... un cadre. — Il ... un chandelier. — On ... le cuivre. — *Partir* et *parer*. — Je ... pour l'armée. — On ... tous les vendredis. — Tu ne ... pas avec mes ami.. — La voiture ... sans moi. — Tu te ... d'ornements étrang.. — Je te ... des plus belles fl.. — Elle se ... avec goût. — Je ... les pierres avec un bâton. — *Repartir*, *répartir*, *réparer*. Je ... pour Paris. — Il ... seul. — Elle n. ... avec bien de la vivacit.. — Tu ... avec insolence. — Je ... la somme entre vous. — On ... également la besogne. — Tu ... cette gratification entre les ouvriers. — On ... les fortifications. — Je ... ma faute, et tu ne ... pas la tienne. — Elle ... le temps perdu. — *Bouillir*. Je ... d'impatience. — Tu ... de colère. — Le pot ... — *Sortir*. — Je ... de la ville et tu en ... aussi. — Il ... désespéré. — On ... par cette porte. — *Fuir*. Tu me ..., ingrat! — Je ne ... point le dang.. — Elle n. ... — *Faillir* et *défaillir*. Je *f*.. tomb.. — Il ... m'écras.. — Tu ... en mour.. — Elle *déf*.. entre mes bras.

Troisième conjugaison. *Asseoir*. Tu ... ton jugement sur de fausses opinions. — Je m'... à l'ombre. — On ... les fondements d'un édifice. — Ma sœur s'... sur l'herbe. — *Surseoir*. On ... toutes les affaires. — Je ne ... pas la délibération. — Tu ... ton voyage. — *Voir*. On te ... bien rarement. — Je les ... pass.. — Tu n. ... arriv.. — Le maître v. ... trav.. — *Pourvoir*. Il ... à tout — Je me ... de bons livres. — Tu te ... d'outils. —

Prévoir. Je ... bien des malh.. — Tu ne ... rien. — Elle ... toutes les object.. — ***Revoir.*** Je ... mon ouvrage. — Tu me ... tous les jours. — On ne le ... plus. — Elle n. ... avec plaisir. — *Choir, déchoir, échoir.* — Il s'est laiss.. *ch..* — Je *déch..* tous les jours. — Il ... au lieu de se rétab.. — Cette maison ... de jour en jour. — Ce billet *éch..* aujourd'hui. — J'... , tu ... en partage à un bon maître. — *Falloir.* Il ... partir.

Quatrième conjugaison. Attendre. Je t'... — On ne n. ... pas. — Tu les ... — Mon frère v. ... — *Fondre* et *fonder.* Le ciel se ... en eau. — Je ... à vue d'œil. — Tu ... du beurre. On ... du plomb. — Je ... mon espoir sur toi. — Tu te ... sur de frivoles espérances. — Ce prince ... une ville. — *Perdre.* Je v. ... pour jamais. — Tu te ... dans le bois. — On ... les meill.. moments. — Elle n. ... par son babil. — *Mordre.* Cette lime ne ... plus. — Tu me ... le bras. — Ce chien ... les passants. — *Prendre, apprendre, comprendre, surprendre.* Je v. ... pour des insens.. — *J'appr..* à écr.. — On ... à les connaît.. — Tu ... à n. respect.. — Cette action me *surpr..* — Un tel événement ne n. ... nullement. — Tu n. ... — Je les ... — *Mettre, admettre, soumettre, commettre, promettre,* etc. On te *m..* en peine. Je ... ma confiance en toi. — On les ... dehors. — Je t'*adm..* à te justif.. — On ne les ... pas. — Tu n. ... dans ta maison. — Voilà mes object.., je v. les *sou..* — On ne me les ... pas. — Elle se ... à la loi. — On n. *prom..* de ne pas n. abandonn.. Tu demand.. ma protect.., je te la ... — Je me ... bien de com.. autrement l'affaire. — Tu *com..* une injustice. — *Rompre, corrompre, interrompre.* Tu me *r..* la tête. — Il ... tout commerce avec v. — Je me *cor..* avec toi. — On le ... — Tu m'*inter..* — On v. ... — Je les ... — Elle m'... — *Battre, combattre, débattre, rebattre.* On se ... — Tu me ... — Je ne te ... point. — Elle *comb..* mon dessein. — La raison ... sans cesse les pas.. — Le poisson se *déb..* sur l'herbe. — Tu te ... en vain. — Je te *reb..* ce mot. — Tu ... des matelas. — ***Conclure, exclure.*** Je ne *conc..* pas cette aff...; tu la ... trop précipita.. — On ... le mariage. — Le roi *m'ex..* de sa présence. — On v. ... de notre compagnie. — Je ne les ... pas. — ***Détruire.*** Tu ... ma fortune. — On ... pour rebât.. — Je ... pour recons.. — Cet événement ... mes object.. — ***Suffire.*** Cette somme me ... — On ne ... pas aux demandes multipl.. — Tu te ... à toi-même. — ***Confire*** et ***confier.*** Je ... ces fr.. au caramel ; tu les ... au vin doux. — On ... cette plante au vinaigre. — Je v. ... un secret. — Tu n. ... un dépôt précieux. — On leur ... tout. — Elle se ... en ses prop.. forces. — ***Ecrire*** et ***s'écrier, décrire*** et ***décrier, inscrire, prescrire.*** Je v. *écr..* souv.. — Mon nev.. m'... quelquef.. — On leur ... de rest.. — Je m'... en le voyant. — On s'... d'admiration. — Tu t'... aussi, toi. — On te *décr..* toute la scène. — Je te ... ma situat.. — Tu me ... une bataille. — Tu te ... par ta conduite. — Ton ennemi te ... partout. — Je ne ... pas votre marchandise. — On n. *inscr..* sur ce livre. — Je v. ... — Elle m'... — On te *prescr..* un régime sévère. — Je ne te ... rien. — Tu n. ... des bornes. — ***Verbes en aindre, eindre, oindre.*** Je *cr..* ces anim.. — On ne n. ... pas. — Tu ... de nouv.. règlements. — Je *pl..* les méch..; je ne les hai.. point. — Tu te ... sans motif. — Tu ne n. ... pas. — L'armée se ... — Tu n. *contr..* à te serv.. — Je les ... à paraîtr.. satisf.. — On v. ... à n. sout.. — Elle *f..* de trav.. Tu ... de n. méconn.. — Je ... d'être sour.. — On ... de n. inst.. — Tu *ét..* les bougies. — Le flamb.. s'... — J'... le feu. — Je t.. du fil. — Ce bois ... en rouge. — Tu *c..* ta tête d'une couronne immort.. — Je ... mon parc d'une haie vi.. — Tu *j..* l'insol.. à la fausset.. — Je me ... à toi. — La ruse se ... à la force. — Je v. *enj..* de sort.. — On n. ... de leur ob.. — ***Coudre, découdre, recoudre.*** Je *c..*, je *déc..*, je *rec..* — Elle..., ..., ...

sans cesse. — Tu *déc..* ta veste. — Il ... mon habit. — Je *rec..* cette pièce. — On ... votre poche. —*Moudre, émoudre, remoudre, rémoudre.* Je *m..* trop de café. — Tu ... du poivre; tu le ... trop fin. — Ce gagne-petit *ém..* mes rasoirs; et il les ... bien. — Je *rem..* ma farine; on la ... — Tu *rém..* bien mes cout..; je les ... encore mieux. — On ne ... pas mes outils. — *Mouler.* Je ne me ... pas sur autrui. — Tu ... une statue. — On ... des médailles. — *Rire* et *sourire.* Il *r..* de bon cœur. — Tu me ... au nez. — La fortune n. ... — Cet enfant te ... — Je lui *sour..* — On te ... —Elle v. ... — Tu lui ... — *Taire*, *plaire*, *déplaire.* Je me *t..* — On se ... — Tu ne te ... jamais. — Le logement me *pl..* — Elle te ..., tu lui ... — On se ... à méd.. — Ce temps me *dépl..* — Tu leur ... — On v. ... — Je leur ... — *Naître* et *renaître.* — Tu *n..* dans l'opul.. ; il ... malheureux. — Je *ren..* à la vie. — Tu ... à l'espérance. — *Paraître.* Je te ... sévère. — L'enfant me ... malade. — Tu n. ... incapable de réuss.. — On ne ... qu'un inst.. — *Croire*, *croître*, *croasser*, *croiser.* Tu me ... capable d'une telle action! — Je ... ces liv.. bien écr.. ; mais je les ... inut.. — On te ... coupable. — Cette plante ... dans mon jardin. — Tu ... à vue d'œil. — Je ne ... pas aussi rapidement qu'une plante. — Un corb.. ... ici près. — Tu ... comme un corb.. — Je ... mes bras. — Tu ... les jambes. — On ... les races. — *Vivre*, *revivre*, *survivre.* Je *v..* content de peu. — Tu ne ... que pour toi. — Je *rev..* dans cet enfant. — Ce héros ... en vous. — Elle *surv..* à ses enfants. *Vaincre*, *convaincre.* Tu me *v..* en générosité. — Elle v. ... en cruaut.. — On v. *conv..* d'av.. comm.. cette faute — Je te ... par l'expérience. — Votre refus v. ... de la faute. — *Dire*, *redire*, *dédire*, *dédier*, *contred..*, etc. Tu me *d..* la vérit.., mais tu me la ... malgré toi. — Je te la ... volontiers. — Tu n. *red..* la même nouvelle. — Tu te *déd..* bien promptement. — Mon frère ne se ... pas aussi aisément que tu te ... — Cet aut.. v. ... son ouvrage. — Je v. ... ce faible essai. — Tu lui ... ton poëme. — Tu me *contred..* et tu te ... toi-même. — Je ne ... personne. — Il ne *méd..* de personne, et tu ... de tout le monde. — Si tu ... ainsi, on ne pourra te souffr.. — Tu ne n. *préd..* que des calamit.., je ne te ... que des prospérit.. — On ne te ... rien de bon. — Tu t'*interd..* les plais.. les plus innoc.. — Tu m'... l'entr.. et la sort.. — On n. ... l'usage du papier. — Je te *maud..*, fils ingr..! — Tu ... l'heure de ta naissance. — On ... son arriv.. — ***Résoudre, absoudre, dissoudre.*** Tu *rés..* la quest..; mais je la ... plus simplement; on ne la ... pas ainsi. — Ce moyen ... la difficult.. — Je me ... à repart.. — On v. *abs..* — Tu n. ... Je ne les ... pas. — — Cette eau *diss..* les métaux. — Je ... la société. — Le sel se ... — Tu ... le sucre dans l'eau. — ***Traire et ses composés.*** La fille *tr..* les vaches; elle les ... tous les jours. — Je les ... quelquef.. — On ... les chèvres. — Tu me *distr..* — L'enfant n. ... — Je ne te ... point. — On v. ... — *J'extr..* les plus b.. morc.. — On ... un sel de cette plante. — Tu ... le suc des fruits.

Verbes irréguliers. Mourir. Je ... content. — Il ... dans les tourm.. — Tu ... pour recouvr.. une vie immort.. — ***Venir, tenir et ses composés.*** — Je *v.* à toi. — Tu ... n. rempl.. de tristesse. — Il *dev..* vieux et goutt.. — On ... méch.. avec les méch.. — Tu *parv..* à les persuader. — Je ne ... à rien. — Il se *souv..* de tout. — Je me ... de lui av.. parl.. — Tu te ... de ces jours affr.. — Je *t..* le lapin par les or.. — Tu ... à ton proj.. — Je ne le *ret..* plus. — On n. ... ici. — Tu ne les ... pas. — Ce vase *cont..* plus.. pintes. — Je me ... à peine. — ***Acquérir, conquérir, s'enquérir, requérir.*** On *acq..* des connaiss.. par le trav.. — Tu n'... l'amit.. de personne. — J'... la facilit.. d'écr.. — Cette ville ... des habit.. — On *conq..* ainsi l'amit.. et l'estime. — Tu ...

des villes et des provinces. — Je m'*enq*.. de choses intéress.. — Tu t'... des moyens de réuss.. — On s'... de votre demeure. — On *req*.. la force arm.. — Je ... ton assist.. — Tu ... mon sec.. — *Devoir*, *apercevoir*, *concevoir*, *percevoir*. Tu ne me *d*.. rien. — On ... secour.. les malheur.. — Je ... retourn.. chez moi. — Je m'*ap*.. de ton dess.. — J'... des étoiles ; tu n'en ... pas. — On s'... de ce changem.. — Je ne *conç*.. pas cela. — On ne te ... pas. — Tu ... mon intention. Je *perç*.. les deniers publics. — Il ... la rente. — On ... mes revenus. — Je *reç*.. l'ordre de part.. — Tu ... tes meill.. am.. — On ne ... que des affronts ici. — *Mouvoir*, *émouvoir*. Tu *m*.. facilement cette pierre. — Ce corps se ... en ligne courbe. — Ta menace ne m'*ém*.. point. — Tu n'... personne. — Je m'... facilement. — On ne s'... pas de tes disc.. — *Valoir*, *équivaloir*, *prévaloir*. Je *v*.. mieux quand j'ai étud.. — Tu ... mieux que moi. — Ce livre ne ... pas 6 francs. — Le jardin *équiv*.. à ma maison. — Votre réponse ... à un refus. — Tu te *prév*.. d'un frivole avantage. — Votre avis ... sur le mien. — Je ne me ... pas de mon crédit. — *Vouloir*. Je ne ... point trav.. — Tu ... n. contred.. — Elle ... te contrar.. — On ... n. chass.. — *Boire*. Je ... ce vin fort tremp.. — Tu ... des liq.. fortes. — On ... ce jus avec délices. — Le malade ... difficilement.

Verbes entièrement irréguliers. *Aller*. Je ... trav.. — Tu ... cherch.. ta sœur. — On ... attaq.. l'ennemi. — Elle ... à la messe. — Mon frère ... à la ville. — *S'en aller*. Je ... sans toi. — Tu ... pour ne plus reven.. — L'armée ... — On ..., la pièce est jou.. — *Asseoir*. Il s'... devant le roi. — Je m'... sur un banc. — On s'... sur cette large pierre. — Elle s'... sur l'herbe. — Il s'... dans un faut.. — *Avoir*. J'... peu d'amis. — Tu ... beaucoup de livr.. — On n'... jamais tout ce qu'on désire. — Elle ... toute ma confiance. — Cette maison ... cent fenêtres. — *Pouvoir*. — Je ne ...

la quitt.. — On ... v. accus.. — Tu ne ... n. convainc.. — Elle ... te retrouv.. — Je ... v. écout.. — *Savoir*. On ... toute l'histoire. — Je ... me cond.. — Tu ... tes leçons, tu les ... bien. — Elle ... plusieurs langues. — Mon fils ne ... pas les mathématiques. — *Etre*. Je ne ... pas votre inf.. — Tu ... sa meill.. amie. — Il ... danger.. de pass.. ici. — Elle ... accoutum.. à n.. entend.. — On n'... heur.. que par la vertu. — *Faire*. Cet enf.. ... votre bonh.. — Tu ne n. ... pas peur. Elle v. ... sav.. ses intentions. — Je ... bât.. une maison. — On ... peu de progr...

* 45. *Verbes défectifs*. Cette dernière partie de l'exercice ne renferme que des v. défectifs employés aux temps et aux personnes seuls usités : ainsi elle n'est pas susceptible de prendre différentes formes.

Gésir. Ci ... par qui les autres ... — Tout ... en cela. — Les restes de nos monarq.. ... autrefois sous ces tomb.. — J'ét.. ... à cette place. — Là ... nos défens.. — *Issir*. Du sang de Jupiter ... de tous côtés. — *Férir*. Ils aur.. remport.. la victoire sans coup ... — Il est ... de cette femme. — *Ouïr*. Je vien.. d'... la messe. — Il fau.. ... les témoins. — Telle est l'histoire que j'ai ... racont.. — N. av.. ... dire q. v. part.. — *Quérir*. Je l'av.. envoy.. ... — Elle m'a envoyé ... une carpe. — Hier, j'allais ... des poissons. — *Apparoir*. Il ... de tel acte que, etc. — *Choir*. Tout va ... en ma main, ou tomber dans la vôtre. — Je me suis laiss.. ... — Il est ... en pauvreté (acad.) *Ravoir*. J'ai laiss.. tomb.. mon seau dans le puits; je ne sai.. si je pour.. le ... — *Promouvoir*. Il a été ... au cardinalat. — Le roi l'a ... à cette dignit.. — *Seoir*. (tenir séance, être situé.) Le parlement va ... au Châtelet. — Le parlement était alors ... à Tours. — J'ai une maison ... rue St.-Honoré. — Il a un héritage ... à Seaux. — *Seoir* (être convenable.)

Cette coul.. ne v. ... pas; les coul.. fonc.. v. ... mieux. — Autrefois le rose v. ... bien. — Elle av.. des manières qui ne lui ... pas. — Ce ton v. ..., quand v. aurez dix ans de plus; mais de telles express.. ne v. ... jamais. — Cela te ... si tu ét.. plus riche. — Ce ton ne v. ... pas, je v. pr.. d'en chang.. Je doute que cet habit v. ..., que ces coul.. v. ... — *Messeoir*. Ce ton d'assurance ne lui ... pas. — On lui disai.. pour la flatt.., que cet air étourd.. ne lui ... pas. — Je doute qu'un air de dignit.. ... à qui que ce soit. — *Accroire*. Il s'en fait ... — *Braire*. Cet âne ... sans cesse, il ... encore demain; il ne ... plus, s'il av.. à mang.. — Ces ânes .... — *Bruire*. Le tonnerre ... au-dessus de nous. — Les flots ... d'une manière épouvantable. — *Clore*. Je ... mon jardin. — Tu ... le tien; il ne ... pas le sien. — Bientôt v. ... le vôtre; mes sœurs ... cette vigne, si un sentier public ne la traversait pas. — Dors, mon enf.., ... ta paupière. — La délibération fut prise à huis * ... — Bouche ... là-dessus, je v. prie. — Le jardin est ... d'un mur. — *Enclore*. Il ... son jardin d'un fossé. — J'... mon parc. — Tu ... le tien. — L'année prochaine, j'... ce pré. *Éclore*. L'œuf du ver-à-soie n'... qu'à un cert.. degré de chal.. — Les boutons ... déjà. — Ils ... bientôt. — Cette fl.. ..., s'il faisait plus chaud. — Je désire qu'elle ... — Les œufs sont ... — Il av.. un bouquet de fl.. fraîches ... — *Duire*. Cela ne me ... point. — *Frire*. Je ... des oignons. — Vous ... une carpe. — Hier, je ... des poiss.. — Je ... des grenouilles, si j'en av.. — Les œufs sont ... — *Poindre*. Le jour commence à ... — J'éprouvais un doul.. ... — *Sourdre*. Les fontaines ... de toute part. — Une eau claire ... des fentes du rocher. — *Tistre*. Moi seule j'ai ... le lien malheureux. — *Forfaire*. V. av.. ... à l'honneur. — *Méfaire*. Il ne faut ni ... ni médire.

* C'est-à-dire portes fermées.

PRÉPOSITION, COMPLÉMENTS DÉTERMINATIFS, PROPOSITION COMPLEXE.

46. La PROPOSITION SIMPLE ne renferme que le suj., le v. et l'attr., soit séparés comme dans le tableau n° 36, soit réunis comme dans les tableaux n° 40.

Analysez les prop. de ces tableaux.

47. Souvent la prop. simple n'offre qu'un sens incomplet : on appelle COMPLÉMENT ce qu'il faut ajouter à l'adj. ou attribut pour compléter le sens ; alors la prop. devient COMPLEXE.

Complétez les prop. suivantes.

Je casse — N. allon.. à — Les chasseurs tuai.. — Tu sor.. de — V. pass.. par — On trouvai.. — Tu par.. avec — Tu jett.. — Je suis prêt à — Ces homm.. son.. capab.. de — Elle étai.. cach.. dans — Elles brisai.. — Nous somm.. log.. derrière — Ils son.. part.. avant — Tu battai.. — Ils arrach.. — Le vaisseau par.. pour — Elles son.. part.. sans — N. n. battons contre — On déchirai.. — N. étions tourn.. vers — Le canal passe sous — On punissai.. — V. détach.. — Tu restai.. hors — La maison est bât.. vis-à-vis — Les domestiq.. dînai.. après — La voiture atten.. depuis — L'eau pénétrai.. à travers — Il mourra pendant — Ce roi fu.. juste envers — N. attaquâmes — Le rossignol chante durant — Tu caressai.. — On parlai.. de — N. viv.. avec — N. somm.. envoy.. à — On retrouvai.. — Le pays est fertile en — Tu écri.. en

48. Le COMP. DIRECT est le nom de l'objet qui éprouve l'action. — Le COMP. INDIRECT exprime toute autre circonstance de l'action, savoir : le BUT, l'ORIGINE, le MOTIF, la CAUSE, la MANIÈRE, la DÉPENDANCE, le TEMPS, le LIEU, la QUANTITÉ, etc. La PRÉPOSITION indique l'espèce

de circonstance qu'on veut exprimer. — La prép. seule laisse le sens incomplet, comme on le voit dans l'ex. précédent. — Ainsi le C. I. est touj. précédé d'une prép. — Le C. D. répond à la question QUI ou QUOI faite après le v. — *Indiquez les C. D., les C. I. et les prép. de l'exercice précédent.*

49. La prép. est souvent sous-entendue devant le C. de temps, de prix, de lieu, etc. — L'adj. qui suit un v. n'est jamais C. D.; l'adj. n'est par lui-même ni C. ni suj.; mais il se rapporte au C. ou au suj.

Tou.. les jour.. je t'atten.., tu revien.. tou.. les jour.. — Du palais d'un jeune lapin, dame belette un beau matin s'empara : c'est une rusée. — On parlai.. musique, peinture, poésie. — N. pay.. la bout.. de ce vin 30 centimes. — Louis XIV régna 72 ans. — Cette vigne fu.. achet.. 9,000 fr.. — Tu dev.. paress.. — Ces peupl.. viv.. malheur.. — La récolte me paraî.. abondan..; je la croi.. excell.. cette année. — On reposai.. la nui.., on dormai.. tou.. le jour. — Ces dames me paraissai.. très-afflig.. — Il demeure rue Mazarine, n° 34. — Charles V, surnomm.. le sage, naqui.. le 21 janvier 1337. — Ma tante devenai.. riche. — Vos raison.. me paraiss.. faibl.. — J'ai vécu 20 ans tranq.. dans ce séjour. — *Indiq.. les prép. sous-entendues, et les adj.*

50. L'INFINITIF désignant l'action sans sujet, est comme le NOM de l'action. Aussi on peut souvent mettre un nom à la place de l'infinitif.

Haïr est un tourment; *aimer* est un besoin de l'âme. — *Naître*, *souffrir* et *mourir*, voilà l'histoire du genre humain. — Cet enfant n'aime ni *à étudier*, ni *à lire*; il n'aime qu'*à jouer*. *Mettez des noms à la place des inf.*

51. Ainsi l'inf. est employé, 1° comme sujet ; 2° comme C. D. ou I., c'est-à-dire après un autre v. ou après une prép., quand il répond à la question QUOI, faite après le v. ou la prép.

Contin.. ma route est impossible. — Chant.. me fatigue. — Calomn.. est un crime. — Rien ne doi.. v. arrêt.. — Il est temps de march.. — Les chèvr.. se plais.. à grimp.. — On par.. sans m'écout.. — Je veu.. v. mettr.. auj.. sur le trône. — Je voul.. parl.. — Il vien.. pour écout.. — V. sav.. persuad..

52. Après les v. de mouvement, la prép. *pour* qui gouv. l'inf., est souv.. sous-entendue. — Après les v. *voir*, *entendre* et *semblables*, on met l'inf. pour le part. prés. — L'inf. est souv. gouv. par un des v. *pouvoir*, *falloir*, *devoir*, sous-ent.

V. av.. envoy.. cherch.. mon fils. — N. venon.. commenc.. notre ouvrage. — Je courai.. m'inform.. du résultat. — Cet ivrogne va tomb.. ; je le voi.. chancel.. — Vois les cour.., vois les vol.. à des morts, il est vrai, glorieuses et belles. — J'enten.. grond.. la foudre, et sen.. trembl.. la terre. — Comment goût.. quelq.. repos ? — Où me cach.. ? — A quelle résolution s'arrêt.. ? — Pourquoi travaill.. si long-temps ?

53. Souv. on emploie le part. pass. après un autre v. que *avoir* ou *être*. On le reconnaît quand on peut sous-entendre *étant*, *qui est*, *être*.

Je me trouvai.. fort embarrass.. — Mmes, je v. suppose décid.. à partir ? — Je voyai.. déracin.. mes arbr.. — Je croi.. mérit.. votre estime. — V.

av.. sub.. une punition, et je la croi.. mérit.. — Je me voi.. priv.. de mes paren.. — **Elle** se voi.. enlev.. le frui.. de ses trav.. — **Elle** se voi.. dépouill.. par ses proch.. paren.. — ***Rendez compte de l'emploi des inf. dans les ex.*** **50, 51, 52, 53.**

54. On met l'inf. après le v. *être*, quand le v. qui suit est une sorte de définition de ce qui précède, de sorte qu'on puisse ajouter *la même chose que.* — Ainsi cette prop.: *perdre le temps, c'est user l'étoffe dont la vie est faite*, signifie : *perdre le temps, c'est* LA MÊME CHOSE *qu'user*, etc. — L'expression *avoir beau*, gouverne aussi l'inf., parce qu'on sous-entend la prép. *à.*

Bâtir des vill.. c'e. se rend.. utile aux homm..; les détr.., c'e. se déclar.. l'ennemi de la sociét.. — Mour.., c'e. commenc.. une autre vie. — Je par.. demain; c'e. décid.. — Blâm.. dans les autr.. ce qu'on se perm.., c'e.. s'arrog.. le droi.. d'être fou tou.. seul. — V. av.. beau saut.., v. n'atteindr.. pas les branch.. — Autrefois Carpillon-Fretin eu.. beau prêch.., il eu.. beau dire; il fu.. mi.. dans la poêle à frire. — J'av.. beau cherch.., je ne trouv.. rien. — Se livr.. à la colère sans voul.. écout.. la voi.. de la raison, c'e. imit.. les bêtes féroces, ou plutôt c'e. se plac.. au-dessous de la brute.

55. RÉCAPITULATION. *Changez en inf. C. les ex. de l'ex. 44, en plaçant devant chacun un v. ou une prép.; dites :* il faut jurer, etc., je viens de, sans, pour jurer, etc. — *Changez-les aussi en inf. suj., en faisant de chacun le suj. du v. être, paraître, etc. Vous direz :* jurer de ne jam. manq. aux lois de l'honneur est nécessaire. — *Observez que les*

récapitulations doivent se faire par petites portions, et ne pas empêcher de continuer.

56. Le NOM qui précède le v. en est touj. suj. quand il est sans prép., et veut le v. à la 3e pers. — Rappelons-nous que les pr. JE, TU, IL, ELLE, ON, sont touj. suj., et gouvernent touj. le v. — En écrivant le v., il ne faut avoir nul égard aux pr. ME, TE, SE, LE, LA, LES, LUI, LEUR, Y, EN, qui le séparent de son suj. — Ces pr. sont **C. D.** ou **I.**, selon qu'ils répondent à la question QUI, QUOI, ou A QUI, A QUOI. EN sign. DE LUI, DE CELA, DE LA; Y sign. A LUI, A CELA, EN CE LIEU. NOUS, VOUS, sont tantôt suj., tantôt comp.

L'Amérique t'appell.. et la nuit te seconde. — Tou.. deu.. me son.. sacr..; je les veu.. conserv.. — Ma pitié malgré moi me fai.. vers.. des pleurs. — On péri.. quelquefoi.. par trop de fermeté. — Elle me voi.., m'enten.., elle e. devant vos yeu.. — Votre aman.. au palais cour.. et se précipite; je le sui.. en tremblant. — Dans l'affr.. momen.., Zamore, où je te voi.., je te le di.. encor.. pour la dern.. fois. Pour la dern.. fois, Zamore t'aurai.. vue? Tu me serai.. ravie aussitôt q. rendue? — Le coupab.. conn.. ses fautes: il se les dissimul.. vainement. — Les troup.. rassuré.. brout.. l'herbe sauvage. — Les peup.. nés aux bor.. q. la Vistule arros.., son.. par adoption devenus tes enfan..; tu leur doi.. compte enfin, le devoir te l'impos.., de tes jours triomphan.. — Le ciel n. ven.. touj.. les biens qu'il n. prodig.. — Quel est l'état horrib.., ô ciel! où je me voi..! l'un tien.. de moi la vie, à l'autre je la doi.. — Commen.. les rois connaitrai..-ils la vérit.., puisqu'on la leur cach.. avec tant de soin? — Vos paren.. se montr.. sévèr..; on ne les en blâm.. point. — Lorsqu'un malheureux implor.. tes secours, tu les lui refus.. inhumainement. -- Seign.., on v. atten.. pour la cérémonie. -- Tu joui.. de tes droi..; je ne t'en priv.. pas. — Mes enfan.. son.. dans une excell.. pension; je veu.. les y laiss..; si je les en retirai.., je ne saur.. plus où les plac.. — Le brigan.. fuyai..; je le saisi..; il m'aur.. cependant échapp.. si tu ne m'av.. aid.. à le retenir. — Si v. ne termin.. demain cette affaire, je v. jugerai moi-même. -- ***Disting. les suj., les C. D., les C. I. et les diff. sortes de v.***

57. Ecrivez avec l'accent grave, *à* préposition sign. vers, pour, dans, etc.; sans accent, *a* 3e pers., et *as* 2e pers. du v. *avoir*, qui peut se tourner par *avait*; *on* s. indéf. sign. *quelqu'un* ou *chacun*, et *ont*, 3e p. pl. du v. *avoir*, qui se tourne par *avaient*; *et*, conj., sign. *et puis*, *encore*; *est*, 3e p. du v. *être*, qui se tourne par *était*; *ai*, 1re p. du v. *avoir*; *ce*, art. dém., sign. *celui-là*, *cela*, et *se*, pr. réfl., sign. *soi-même*; *ces*, art. dém., sign. *ceux-là*, *celles-là*, et *ses*, pr. possessif, sign. *les siens*, *les siennes*; *son*, pr. poss., *le sien*, ou s. m.; *sont*, 3e p. pl. du v. *être*, se tourne par *étaient*. — *Leur* sign. *à eux*, *à elles*, inv. devant le v.; *leur*, pr. poss. s'accorde avec le nom.

L'homme en sa propre force *a* mis sa confiance. — Ne ren.. pas à la créat.. l'honn.. qui e. dû au créat.. — La plante mi.. en libert.. garde l'inclinaison qu'on l'... forcée ... prend.. — ... qui parl..-v.? -- ... vaincre sans péril on triomphe sans gloire. — Je vai.. rend.. ... la nature ce qu'elle m'... prêté. — Peu..-elle répar.. les malh.. qu'elle ...-faits? En ...-t-elle la force? En ...-t-elle l'idée? -- Aux fur.. d'un épou.. ... peine elle résist.. — San.. doute elle e. ... craindre. -- N'insult.. point, seign.., ... mes sen.. affaibl.. —

Le temps qui change tou.., ... chang.. mes espri.. — Je ne sen.. pl.. en moi *ce* courage emport.. qu'en ... palais sanglan.. j'av.. trop écouté. — Partou.. le nom d'Oreste a bless.. mon oreille, e. ma juste colère à ... brui.. se rév.. — Ah! ...'en e. trop! — Cette femme, en trembl.., ...'e. soustraite à ma vue. — Qu'elle ... plaigne au ciel; ... ciel me justif.. — Dans le désesp.. où mon âme ... noie, mon cœur ne peu.. goût.. une funeste joie. — Ils ... croirai.. gênés dans cette ville immense. — On ... per.. dans ... labyrinthe. — Allez, qu'on m'apport.. ... gage. — Il e. gran.. il e. beau de faire des ingra.. — Je t'ai défai.. d'un père e. d'un frère e. de moi. — Quiconque e. riche e. tou.. — Le trône, les festins, tout e. prêt; commencez le bonh.. de ma vie. — La victoire e. la nui.. pl.. cruel.. q. n., n. excitai.. au meurtre e. confondai.. nos cou.. — Pourquoi *ces* éléphan.., ... arm.., ce bagage, e. ... vaisseau.. tou.. prê.. à quitt.. le rivage? — Un jeune homme touj.. bouillan.. dans ... caprices. — Vien.., condui..-moi ver.. elle, e. qu'à ... pieds j'exp.. — La guerre a ... douceurs. — Il se ren.. méprisab.. à .., propr.. yeu.. — Ma main les a formés, ... feston.. élégan.., où brill.. l'or e. la pourpre e. la soie; ... tissu.. d'où jailli.. le feu des diaman.., e. ... voil.. légers à repli.. ondoyan.. — Hélas! *on* sai.. q. de tou.. temps les peti.. ... pâti des sottises des gran.. — Les gran.. homm.. ... touj.. fait de gran.. fautes. — ... ne peu.. désir.. ce qu'... ne connaî.. pas. — Tou.. les homm.. ... la même origine. — ... n'a pas de vrai.. connaissanc.. quan.. ... ne peu.. se rendre compte de ce qu'... sai.. — Les flo.. en ... frémi. — Les plui.. ... rendu les chemins impraticab.. — Ces sauvag.. ... peu de provis.. — Ces flamb.. allum.. ... redoub.. le jour. — Gran.. Dieu! tes jugemen.. *sont* rempl.. d'équité. — Les vertus devrai.. être sœurs.., ainsi q. les vices ... frèr.. — Un lièvre en ... gîte songeai.. — Où

..., Dieu de Jacob, tes antiq.. bontés? — Il senti.. qu'il aimai.. ... ingrate patrie. — Pour qui ... ces serpen.. qui sifl.. sur vos têtes? — Le so.. ne sai.. pas disting.. ... ami de ... ennemi. — Les vertus... immortel.. — Le phaëton d'une voiture à foin, vi.. ... char embourb.. — Un ânier, ... sceptre à la main, menai.., en empereur romain, 2 coursier.. à long.. oreil.. — Les connaiss.. ... le frui.. de l'étude. — Vo.. dess.. ne ... ignorés de qui que ce soi.. — Le ... du cor a retenti 3 foi.. — J'ai acheté 8 sacs de ... — Si ces MM. venai.., on *leur* parlerai.. — Dans l'instan.. qu'ils verron.. ... vengeurs, ... mains von.. se lev.. sur ... persécuteurs; eux-mêm.. détruiron.. cet effroyab.. ouvrage, monument de ... honte e. de ... esclavage. — Nos solda.., nos amis, dans ces fossés sanglan.., von.. se faire un chemin sur ... cor.. expiran.. — Va, di..-... qu'à ce prix je ... perm.. de vivre. — Quan.. je voi.. les ni.. des oiseau.., form.. avec tan.. d'ar.., je demande quel maître ... a appris les mathématiques e. l'architecture. — Ces plantes périron.. si on ne ... donne de l'eau.

58. Etre n'a point de C. D.; l'adj. ou le nom qui le suit n'est que l'attr. du sujet. — Le v. actif a un C. D.: *je tue l'oie.* — Le v. neutre n'a point de C. D.: *il dort.* Il peut avoir des C. I. — Le v. réfléchi exprime l'action du sujet sur lui-même, et le v. réciproque, celle de plusieurs. suj. l'un à l'égard de l'autre: *il se brûle, n. n. parlons.* — Le v. pronominal a la forme d'un v. réfléchi, quoique le suj. ne puisse faire l'act. sur lui-même: *cela se dit.* — Le v. impersonnel a pour suj. le pr. il, signifiant ceci, cela, une chose. — Le v. imp. reste touj. à la trois. pers. du s., et se reconnaît, parce qu'on ne peut mettre un nom à la place du pr. il.

Les dou. zéphyrs conservai.. en ce lieu, malgré les ardeurs du sol.., une délicieuse fraîch.. — L'air enfl.. les voil..--Tou.. l'Egypte paraî.. inconsolab.. -- Son nom fu.. célèbre dans tou.. la Grècc et dans tou.. l'Asie. -- La grotte étai.. taill.. dans le roc. -- Les jeunes fill.. se jett.. avec empressem.. sur les bijou.. --Elles arriv.. en se tenant par la main. -- Des rumeurs circul.. dans l'armée. -- Ulysse consid.. ce groupe enchanteur. -- Quoi! touj.. il me manquera quelqu'un de ce peuple imbécille? -- Je m'étein.., ô ma fille! et mes malheur.. jours s'écoul.. dans des pleurs qui renaiss.. touj.. -- Ils ont péri. -- Il plu.. du san..; je n'exagère point. Il me vien.. une idée. -- Chez l'homme il existe touj.. un sentiment maître de son âme. -- Catilina marche vers les Gaules. -- J'ai vu la cour. — Arons et Brutus, transport.. de fur.. en se voyan.., s'élanc.. l'un contre l'autre, et se perc.. mutuellement. --Les élèves s'adress. des questions. -- On arriv.. à la porte du palais. — La nouvelle se confirme. -- La fortune v. souri.. -- Je ri.. de tout.-- *Indiquez les diff. sortes de v. et les C. dans ces deux exercices.*

59. On emploie le part. passé, 1° avec le v. *être* exprimé; 2° avec le v. *être* sous-entendu; 3° après le v. *avoir*.

Le soleil est obscurc.. — Les troupes étai.. arriv.. — Voilà les lettres écri.. — Voilà des arbr.. arrach.. — Le malade a mang.. — Le roi aurai.. parl.. — Le mauv.. temps av.. retard.. mon départ. — *Copiez de nouveau les tabl.* 33 *et* 38.

60. Le part. passé joint au v. *être* exprimé ou sous-entendu, s'accorde touj. avec son subst. ou suj., qu'on trouve en faisant la question QUI EST-CE QUI EST?

Les troup.. sont repart.. — La pluie étai.. surven.. — Nos ennemis fur.. épouvant.. — Je trouv..

mes liv.. dérang.. — V. cherch.. des personn.. exerc..

61. Le part. passé joint au v. *avoir*, 1° ne s'accorde jamais avec le suj. du v., ni avec aucun C. I.; 2° ne s'accorde qu'avec le C. D., quand ce C. le précède. — Lorsque le part. est joint au v. *avoir*, faites la question QUI EST-CE QUI EST *cassé*, *déchiré*, *trouvé*, etc., et ne faites accorder le part. avec le mot qui y répond, que quand ce mot précède le part. — Et si vous faites la question QUI EST-CE QUI A, vous aurez pour réponse le suj., c'est-à-dire le mot avec lequel le part. ne s'accorde jamais quand il est joint au v. *avoir*.

Elle a déchir.. son voile. — Les nuag.. av.. cach.. le soleil. — N. av.. parl.. à ta sœur. — Les étoiles n. ont refus.. leur lumière. — Les ven.. ont chass.. l'orage. — Voici les lettr..; je les ai cop.. — tu as conn.. ma résolut.., et tu l'as approuv.. — Je t'ai rend.. tes livr..; pourquoi me les as-tu redemand.. — N. av.. écout.. vos parol.. n. ne les av.. pas oubl.. — Les nua.. ont dispar..; le vent les a chass.. — Tu n. as tromp..

62. Ainsi les v. qui ne peuvent se conj. avec *être*, ont leur part. passé inv., excepté *avoir*, qui a un C. D.

Les astr.. ont brill.. — La reine n. aur.. parl.. — N. *agiss*.. comme n. av.. touj.. ... — Elle a ... comme elle le dev.. — Vous me *nuis*.., et je ne v. ai jam.. ... — Vos excessiv.. précautions v. aurai.. ... Vous *riez?* Ecrivez qu'elle a ... — Elles ont bien ... — Elle a roug.., pâl.., frém.. à ces mots. — Ils ont bien véc.. — Une comète a par.. — N. av. gém.. — Je n'ai pl.. ces liv..: je les ai *eu*.. pl. de 6 mois. — Si j'av.. voul.. cette maison, je l'aur.. ... pour 6,000 fr. — J'ai ... ces inquiét..; tu les as ... aussi.

63. Le part. passé reste inv., lorsqu'il est précédé du C. I. *en*, et d'un nom inv. de quantité, tel que *plus*, *moins*, *assez*, *trop*, qui est le vrai C. D., ou quand on peut sous-entendre, après lui, un des mots *plusieurs*, *un seul*, *quelques-uns*, *une partie*, *une quantité*, *pas un*, qui est le vrai C. D.

Otez ces frui..; v. en av.. ass.. mang..--Cette eau est excell..; j'en ai beauc.. b.. -- Les caval.. son.. arriv..; n. en av.. v.. -- Il fallai.. de la douceur; v. en av.. trop montr..--Tu aur.. eu des fraises, si tu m'en av. demand.. -- Nous av.. des amis, n. n'en av.. pas retrouv.. --Voilà des cerises; on t'en a laiss.. — Je ne conn.. point cette liq..; je n'en ai jam.. goût..

64. Dans les v. réfl. ou récip., le part. passé ne s'accorde qu'avec le C. D., lorsqu'il en est précédé. En effet, dans ces v., *être* tient la place de *avoir*. *Elle s'*EST *perdue*, sign. *elle* A *perdu soi.*—Ainsi le part. pass. des v. réfl. ou récip. qui n'ont point de C. D., est inv.

Mes enfan.., v. v. ser.. égar.., si v. v. ét.. écart.. un mom.. de la route q. v. v. êt.. trac.. — Q. de mau.. se ser.. attir.. ma fille, si elle ne s'ét.. pas conform.. à mes avis! — N. n. somm.. exerc.. sur les matières que v. n. av.. enseign..; n. n. sommes propos.. des difficult.., n. n. somm.. fai.. un plaisir de les multipl.. — Les rois qui se son.. succéd.. depuis deux siècl.., se sont pl.. à embell.. la capitale. — Jamais les ambitieux ne se sont.. suff.. à eux-mêmes. — De quoi v. êtes-v. parl.., mesdemoiselles? — Mmes, v. v. êtes communiq.. vos pensées. — Elles se son.. sour.. en se voyant.

65. Quant *aux v. pronominaux*, leur part. s'accorde touj. avec le suj., parce qu'ils présentent le sens d'un part. simplement joint au

v. *être*. — *La chose s'est faite*, c'est-à- dire *a été faite*.

Les changemens qui se sont fai.. n'ont étonn.. personne. — Je ne crois pas que la réconciliation qui s'e.. opér.., soit bien sincère. — Ma maison se serait vend.. ou lou.., si vous n'av.. pas été si néglig.. — Les propos qui se sont di.., ne nous ont caus.. auc.. surprise. — Si cette conversat.. s'ét.. tenu.. en votre présence, la chose se ser.. aussitôt divulg.. — Ta fortune s'e. dissip.., ta jeunesse s'e. pass.., tes espérances se sont évanou.. — Je ne croyais pas q. ta fierté se fût offens.. d'une observat.. si juste. — Jam.. cette viande ne s'e. mang.. froide. — Si les marchandises s'ét., trouv.. meill., elles se serai.. débit.. promptem.. — Ces vins se sont touj.. b.. tou.. purs.

66. Tout v. imp. reste à la troisième personne du sing., et a son part. inv.

Il ser.. arriv.. 800 hom.., s'il n'ét.. surven.. des ordres contraires. — Je croyais qu'il ser.. surven.. des accidens, qu'il se serai.. fai.. des changemens plus favorab.. — S'il s'ét... présent.. une occasion convenable, en aur.. - vous profit.. ? — Quoiqu'il se soi.. pass.. des choses bien étranges, n. n. taisons. — Il aurai.. fall.. de la fermeté. — Il s'est rencontr.. un homme d'une profondeur d'esprit inconcevable. — S'il vous ét.. né un fils, vous en rendr.. grâce au ciel. — Il s'en e. bien fall.. qu'il y ait eu autant de mauvaise volonté qu'on l'a dit. — Vous cherch.. des occasions, dites-v.. ; il s'en ét.. présent.. une telle que v.. pouv.. la désir.. — As-tu vu mon frère ? Il est arriv.. — Il lui e. arriv.. une singulière aventure. — Il a paru un ouvrage sur cette matière ; mais il m'a paru écrit bien superficiellem.. — On attendait ton frère ; il ne s'e. pas présent.. — Il e. conven.. que nous partirons de grand matin. — Il a reconnu ses torts, il en e. conven.. — Il m'a touj.. import.. d'être estim..

67. RÉCAPITULATION. *Mettez à quelque temps composé, sing. et pl., les v. de l'ex. 44, et observez les règles précédentes, à l'égard des part. que donnera cette transformation.*

68. Souvent le sens d'un nom a besoin d'être expliqué ou déterminé. Les mots qui déterminent le sens d'un nom, se nomment DÉTERMINATIFS.

L'âme *d'un héros* se li.. dans *ses* trai. — *Votre* âme ne peut soutenir la vue *d'une exist.. déshonor..* — Le peuple *de la Grèce* traversera, au son *des instrum.. et des chants de triomphe,* la mer *qui baigne ce palais.* — Tel le sol.. *mourant*, per.. ses rayons *funèb..* à l'horizon *charg.. de pluie et de ténèbr..*

L'âme de qui? Quels traits? Quelle âme? La vue de quoi? De quelle existence? Les rép. à ces questions sont les déterminatifs.

69. Le PRONOM RELATIF représente un nom dans une prop. qui qualifie ou détermine ce nom.

Arbr.. *que j'ai plant..*, je ne v. verr. plus! — Même les trist.. lieu.. *où n. av. souff..*, ne son.. pas sans attrai.. — L'écla.. du jour ne trouve aucun passage pour pénétr.. les royaumes profon.. *qui me sont éch.. en partage.* — L'hymen v. lie encore aux dieux *dont v. sortez.* — Sur la nui.. *qui m'accabl..*, il verse en vain ses feu.. — La dignit.. de l'homme ne dépen.. ni de la condition *que l'on occup..*, ni des trav. *auxq.. on s'applique.*

Quels arbres? Quels lieux? Quels royaumes profonds? Les rép. sont les propos. déterminatives, et le premier mot de chacune est le pronom relatif.

70. Le nom auquel se rapp. le pr. rel. en est l'ANTÉCÉDENT; la prop. qui qualifie ou détermine le nom, se nomme INCIDENTE OU DÉTERMINATIVE. — Disting., dans cet ex. et dans le précédent, les pr. rel., les antécéd. et les prop. incid.

On peut.. v.. rendr.. encore ce fils q. v. pleur.. —Le pompeu.. appareil qui sui.. ici vos pas, n'est point d'un malheureu.. qui cherch.. le trépas. — Souv.. un inconn.. qui est estim.. sur sa bonne réputat.., per.., en se montr.., l'estime qu'on av.. pour lui. — La mor.. est le seul Dieu que j'osais implor.. — Les pass.. sont les seuls orateurs qui persuad.. touj.. — Observ.. cet ois.. dont v. dor.. la cage!

71. Le pr. rel. a la valeur d'un pr. de même nombre, de même genre et de même pers.. que son ant., puisqu'il le représente. On peut aussi substituer au pr. rel. son ant. précédé de *ce*. C'est ce que le tableau suivant fera concevoir.

	PRONOMS RELATIFS.	PRONOMS ou SUBSTANTIFS PERSONNELS ÉQUIVALENTS.
Sujet.	QUI OU LEQUEL, LAQUELLE, LESQUELS, LESQUELLES.	JE, TU, IL, ELLE, NOUS, VOUS, ILS, ELLES, CET OBJET, CES OBJETS.
Compl. direct.	QUE OU LEQUEL, etc.	ME, TE, LE, LA, NOUS, VOUS, LES, CET OBJET, CETTE PERSONNE.
Comp. ind. avec *à*.	A QUI OU AUQUEL, A LAQUELLE, AUXQUELS, AUXQUELLES.	ME, TE, LUI, NOUS, VOUS, LEUR, Y, A CET OBJET, OU A CETTE PERSONNE.
C. ind. avec *de*.	DONT OU DE QUI, OU DUQUEL, DE LAQUELLE, DESQUELS.	DE MOI, DE TOI, DE LUI, D'ELLE, DE NOUS, etc., EN, DE CET OBJET.
C. ind. avec *dans*.	OU, OU DANS LEQUEL, etc.	DANS OU EN LUI, ELLE, EUX, ELLES; Y, EN CE LIEU.
C. de lieu avec *de*.	D'OU, OU DUQUEL, etc.	DE LUI, D'ELLE, etc., DE CE LIEU, EN.
C. de lieu avec *par*.	PAR OU, OU PAR LEQUEL, etc.	PAR LUI, PAR ELLE, etc., PAR CE LIEU.

Copiez et étudiez ce tableau.

72. *Ecrivez les ex. suivants, analysez-les, et subst. des pr. pers. aux pr. rel.*

Le loup déjà se forge une félicit.. qui le fai.. pleur.. de tendresse. — Dans le centre éclatan.. de ces orbes immens..qui n'ont pu n.cach.. leur marche et leurs dist.., lui.. cet astre du jour, par Dieu même allum.., qui tourn.. autour de soi sur son axe enflamm.. — Le café v. présente une heureuse liq.., qui d'un vin trop fumeu.. chassera la vap.. — L'insecte q. les ven.. ont jet.. sur la rive, poursui.. en bourdonn.. sa course fugit.. — Les eff.. d'un géant qu'on croy.. accabl.., ont fai.. encore gém.. le ciel, la terre e. l'onde. — L'écl.. du jour ne trouv.. auc.. passag.. pour pénétr.. les royaum.. prof.. qui me sont éch.. en partage. — Ce hardi Portugais, Gama, dont le courage d'un nouv.. Océan n. ouvri.. le passage, de l'Afrique déjà voy.. fuir les rochers. — Pour toi, que jam.. ces miracl.. n'étonn.., stupide spect.. des biens qui t'environn.., vien.. me développ.. ce nid qu'avec tant d'art, au même ordre touj.. architecte fidèle, à l'aide de son bec maçonn.. l'hirondelle. — Nous roul.. égar.. au sein du gouffre immense où l'antique chaos sous nos pieds recommence. — Le trône où tu t'ass.. s'abaissai.. devant moi. — On voyai.. en ce lieu une caverne affreu.. de laq.. on descendai.. sur les rives de l'Achéron, par leq.. les Dieux même craign.. de jur.. — Les moy.. par lesq.. v. av.. réuss.. ne v. font pas honn.. — Je conn. la source d'où v. av.. tir.. ces exempl.. — Tout dépen.. de moi, qui sui.. le maître. — Je me sacrif.. pour toi, dont j'ai éprouv.. tant de fois l'ingratit.. — Tou.. les dignit.. que tu m'a.. demand.., je te les ai sans peine et sur l'heure accord..

73. Les pr. rel. *lequel*, *laquelle*, *lesquels*, *lesquelles* sont rarement employés sans prép. Le pronom relatif *qui*, précédé d'une prép. ne peut avoir pour ant. qu'un nom de

pers. Ainsi on peut dire *l'homme* A QUI *je parle*; mais on ne peut dire *la maison* A QUI *j'ajoute une aile*; dites A LAQUELLE. — Le pr. rel. est C. du mot après lequel on peut placer son ant. — Quand le pr. rel. est gouv. par un C. I., c'est ce C. I. que l'on place en tête de la prop. incid., et immédiatement après le pr. rel. qu'on exprime alors par *de qui*, *duquel*, *de laquelle*, *etc.*, et non par *dont*. Ainsi on dira :

Vous voyez la Seine, DANS LE LIT DE LAQUELLE *l'Yonne*, *la Marne et l'Oise viennent se jeter.*

* 74. *Substituez*, *dans l'ex. suivant*, *des pr. rel. aux pr. pers. en lettres italiques. Ainsi*, *au lieu de* LE, *mettez en tête de la phrase le pr. rel. C. D.* QUE : que visitait aussi, etc. *A chaque pr. pers.*, *subst. le pr. rel. qui se trouve au tableau*, *en tête de la ligne.*

Le médecin Tant-Pis allai.. voir un malade (*le* visitai.. aussi le médecin Tant-Mieux.) — Je sui.. cet heur.. roi (la France *le* révère.) — Ma doul.. présente, et ma bont.. pass.., mon sang (en ce palais je veux.. même *le* vers..) sont autant d'ennem.. (je vai.. vous *les* laiss..) -- Quel heur.. vainq.. a pu si promptem.. cherch.., saisir, dompt.., broy.. cet aliment (bientôt liq.. douce, *il* ira de veine en veine se confondre en son cours dans le sang (*il* l'entraîne.) -- Ton Dieu (tu *le* trahi..), ton Dieu (tu *le* blasph..) pour toi, pour l'univ.. e.. mor.. en ces lieu.. mêm..; en ces lieu.. (ma main l'*y* servit tant de fois), en ces lieux.. (son san.. t'*y* parl.. par ma voi..) — O toi ! (la gloire *t*'environne de ses feu.. les plus éclat..); toi, les arts *t*'ont cein.. d'une triple couronne (ne *la* pourr.. flétr.. les outr.. du temps); voi.., voi.., ta patrie éplor.., pay.. à ton ombr.. sacr.., l'honorab.. tribut de son long souvenir. — Les pers.. (n. travaill.. pour les intér.. *d'elle*) ne témoign.. pas beauc.. de reconnaiss. — Les abîmes (ces torr.. mugiss.. au fond *d'eux*) sépar.. de haut.. mont.. — Les enf.. (n. av.. parl.. aux paren.. *d'eux*) n. apport.. des fr.. — Les arb.. (ces ois.. constr.. leurs nids sur le sommet *d'eux*) ne prod.. auc.. fr.. — Connaiss..-v. la romance (j'*y* ai ajout.. un coupl.. ?)—On a sent.. de loin cet énorme fromage (*il* doi.. tou.. son mérite aux outr.. du temps.) — Ce Dieu (la parole *de lui* enfanta la lumière) couch.. dans un tomb.., dormai.. dans la pouss.. — Soy.. bén.., mon Dieu! v. (*v.* daign.. me rendre l'innocence e. son noble org..); v. (*v.* pour protég.. le repos de ma cendre, veillerez près de mon cerc..!) au banquet de la vie, infortun.. convive, j'appar.. un jour et je *meur*..; je ..., et sur ma tombe, (lentem.. j'*y* arr..) nul ne viendra vers.. des pl.. : salut, champs (je *v.* aimai..), et v., douce verdure, et v.., riant exil des bois!

75. *Remplissez les lacunes par des pr. rel.*

C'e. Dieu ... n. fai.. viv..; c'e. Dieu ... il fau.. aim.. J'entrevoi.. des malh.. ... je ne pui.. compr.. — Du san.. de Jupiter issu de tous côtés, l'hymen v. li.. encore aux dieux ... v. sort.. — Calypso, plus furieuse qu'une lionne ... on a enlev.. ses peti.., courai.. au trav.. de la forêt sans suiv.. auc.. chemin. — Au pied de ce roch.. on trouvai.. la caverne ... les timid.. mortels n'osai.. approch.. — Télémaque entra seul; car, quel autre mortel eût os.., le suivr..? Deux Crétoi.. ... l'avai.. accomp.. jusqu'à une cert.. dist.. de la caverne, et ... il av.. conf.. son dessein, demeurèr.. tremb.. et à demi-morts.. assez loin de là. — Il remarq.. les ombr.. léger.. ... voltig.. autour de lui; il les écart.. avec son ép.., ensuite il voi.. les trist.. bor.. du fleuve marécag.., ... les eaux bourbeu.. et dormantes ne font que tournoy.. — Sentiez-v. cette douce paix, sans ... le cœur demeur.. touj.. serr.. et flétr.. au milieu des délices? — Fureur d'accumul.., monstre ...les yeux regard..comme un point tou.. les bienfai.. des dieux, te combattrai-je en vain sans cesse en cet ouvrage? — Voilà la preuve d'amit.. ... je sui.. le plus sensible. — Je voi.. les montagn.. sur le somm.. ... n. av.. grimp.. — Je respect.. les lois au maintien ... je doi.. ma tranquillit.. — V. av.. reconn.. le scéléra.. par la trahison.. ... n. av.. perd.. notre fortune.

76. Le pr. rel. QUI, suj., veut le v. dont il est suivi à la même pers. et au même nombre que son ant. Ainsi on dira *moi qui viens*, *vous qui parlez*, *toi qui as*. — Lorsqu'un nom est employé pour adresser la parole à quelqu'un, le QUI et le v. suivant sont à la 2ᵉ pers. *Dieu qui* VOIS *tout*, *souffriras-tu*, *etc.*

Paris n. méconnaî.., Paris ne veu.. pour maître, ni moi qui sui.. son roi, ni vous qui dev.. l'êtr.. — Certes, plus je médite, et moins je me figur.. que vous m'osi.. compt.. pour votre créature, vous dont j'ai pu laiss.. vieill.. l'ambition dans les honn.. obsc.. de quelque légion, et moi qui sur le trône ai suiv.. mes ancêtr.., moi, fille, femme, sœur et mère de vos maîtr.. — Je ne t'admir.. pas avec moins de surprise, toi qui vi.. dans la boue, et traîn.. ta prison; toi que souvent ma haine écrase avec raison; toi-même, insecte impur, quand tu me développ.. les étonnan.. ressor.. de tes lon.. télescopes. — Toi dont le courrou.. veu.. englout.. la terre, mer terrible, en ton lit quelle main te resserr..? — Il e.

imposs.. qu'un homme de mauv.. naturel aime le bien publ..; car comment pourrai..-il aim.. un million d'homm.., lui qui n'a jamais aim.. personne? — Toi qui dans ton tonneau, mal nourr.., mal vêt.., y logea.. la folie auprès de la vertu, tu peu.. jet.. ta coupe, orgueill.. Diogène. — O crime, qui des loi.. crain.. partout la rig.., à tes premiers attrai.. il a ferm.. mon cœur. — Et toi sol.., et toi qui dans cette contrée reconn.. l'héritier et le vrai fils d'Atrée; toi qui n'osa.. du père éclair.. le festin, recule, ils t'on.. appr.. ce funeste chemin. — Dieu qui veng.. l'église et puni.. les tyrans, te verra-t-on touj.. accabl.. tes enf..?

77. Le pr. rel. suj. QUI et le v. suivant sont à la 3e pers. quand l'ant. est précédé d'un art. Mais si l'ant. est sans art., le QUI et le v. sont de la même pers. que le pr. auquel se rapporte l'ant. Ainsi, on dira : *Je suis* LE *marchand qui vous* FOURNIT *du bois tous les ans.* — *Tu es* LA *seule qui me* CONNAISSE. — *Je suis* JOSEPH, *qui* AI *été vendu par mes frères.* — *Nous étions* DOUZE *qui* TRAHÎMES *le roi.* — Mais dans les prop. nég. ou interrog., le QUI précédé d'un nom veut toujours le v. à la 3e pers. *Etes-vous* NEPTUNE? *Vous n'êtes pas* NEPTUNE, *qui* PEUT *à son gré calmer ou soulever les flots.*

V.. êt., des ingr.. qui abus.. des bont.. d'un maître trop indulg.. — Je sui.. le pieu.. Enée qui ... arrach.. les dieu.. de Troie à la fur.. des ennem.. — Je suis cette déesse qui ... guid.. votre père, et qui l'... tir.. de tant de dang.. — O homme! tu e. le seul des êt.. anim.. qui posséd.. la raison. — Approch.. en particul.., ô v. qui cour.. avec tant d'ard.. dans la carrière de la gloire.--Est-ce moi qui prod.. mes rich.. ornemen..?

— Nous sommes 300 Romains qui ... jur.. ta perte. — Tu vois en moi Vénus qui t'... enlev.. à la fur.. de Ménélas. — Je suis Apollon qui tien.. l'arc d'argent, et qui lance au loin les traits.

Je sui.. cet heureu.. roi que la France révér.., ce père des Bourbons, ton protecteur, ton père; ce Louis qui jadis combatti.. comme toi; ce Louis don.. ton cœur a néglig.. la foi. — Entend.. v. leur armure guerrière qui retenti.. des cou.. du cimeterre? — Je suis Clorinde, don.. le nom t'... conn.., et qui vien.. défend.. tes états. — Tu n'... pas le seul qui ignor.. ces détails. — Etes-v. Télémaque qui cour.. tou.. les mers pour trouv.. Ulysse? — Je suis le march.. qui v. fourn.. ordinairement du bois. — Scélérat qui croi.. me persuad.., appren.. que tes crim.. son.. découv.

78. Le pr. rel. QUE étant C. D., le part. passé s'accorde avec l'ant. de ce pronom.

Où son..-ils ces comba.. q. v. av.. rend..? — Tou.. les chos.. q. Dieu a créé.. son.. béni.. par sa parole. — Les difficult.. q. tu t'es créé.. son.. deven.. insurmontab.. — Les merv.. de l'univ.., q. Dieu a livr.. à votre curiosit.. son.. un abîme où v. v. perd.. — Ce berc.. q. vos mains on.. plant.., où le chèvre-feuille, le jasmin et la rose entrelacent leurs tiges odoran.., ne l'av..-v. orn.. avec tant de soin, q. pour v. y livr.. au rêv.. pénib.. de l'ambition? — Dans cette solitude champêtre qu'ont habit.. vos pères, q. v. import.. les vains disc.. des hommes? — Dans les templ.. q. les siècles n'on.. point perc.., les murs masq.. une partie du paysage. — Les plaint.. q. v. av.. entend.. m'on.. par.. justes. — De tou.. les pertes q. n. av.. éprouv.., aucune ne nous a plus afflig.. que celle de votre amitié.

79. Le pr. rel. QUE est quelquefois C. d'une

prép. sous-ent.; alors il est C. I., et le part. ne s'accorde pas avec l'ant. Les prép. sous-ent. sont DEPUIS, PENDANT, DANS, POUR, etc. Le QUE après un adv. de comparaison signifie QUE CE QUE; ici le QUE est C. D., mais comme il a CE pour ant., il est m. sing., et le part. reste aussi au m. sing. QUE devant les v. imp. sign. QUI. *Voilà les livres* QU'*il me faut*, c'est-à-dire QUI *me manquent*.

Il y a plusieurs jours q. n. av.. termin.. cet ouvrage. — Les 300 francs q. j'ai vend.. ce meuble son.. déjà employ.. — V. ser.. pay.. pour les jours q. v. aur.. trav.. — La tempête a ét.. moins violen.. q. n. n'av.. crain.. — Il n. rest. plus de liv.. q. n. n'en av.. vend.. — Il y a bien des ann.. q. n. n. sommes li.. d'une amitié qu'aucun nuage n'a jamais troubl.. — Pendant les deux heures q. v. av.. dorm.., n. av.. trav.. — J'ai obt.. tou.. les secours qu'il m'a fall.. — Je ne retrouv.. plus ici autant de personn.. q. j'y en av.. remarq.. — Les 20 ans q. ce prince a régn.. on.. été le règne de la modérat.. et de la justice. — Tou.. les fois q. n. av.. réuss.., v. v. en êtes attrib.. la gloire. — On peu.. entr.. dans le parc, n. n. y somm.. prom.. tou.. les fois qu'il n.. a pl..

80. COUTER, VALOIR, sign. *rester pour une somme*, *avoir de la valeur*, sont neutres, et ont le part. inv. — Mais quand *coûter* sign. *causer*, *occasionner*, et que *valoir* sign. procurer, les pr. QUE, LE, LA, LES, ont des C. D. avec lesquels le part. s'accorde.

Les somm.. exorbitantes q. vos foll.. entreprises on.. coût.. aurai.. pu conserv.. long-temps l'aisance dans votre famille. — On n. a rend.. les 800 francs que notre voyage n. a coût.. — Votre maison ne vau.. plus les 30,000 fr. qu'elle a val.. — Tu ne retirer.. pas les 5,000 fr. que les réparations t'on.. coût.. — Ce chev.. ne vau.. pas 400 fr.; il ne les a jam.. val.. — V. êtes témoin des peines q. m'a coût.. ce trav.. — Les soins q. votre éducat.. m'a coût.. ne seron.. sûrement pas perd.. — Les surnoms glorieu.. q. v. on.. val.. tant d'exploi.., passeron.. à la postérit.. la plus recul.. — Il joui.. des distinct.. flatteuses que sa complaisance lui a val.. — Les trav.. immenses que ce canal a coût.., et la magnifique récompense que la sagesse du plan a val.. à l'architecte, prouv.. l'état de prospérit.. de l'empire à cette époque.

81. Que peut avoir pour ant. LE PEU DE, suivi d'un subst. Si LE PEU DE indique le défaut absolu de la chose, QUE a pour ant. LE PEU DE, et le part. reste inv. Mais si le sens présente une quantité réelle, le part. s'acc. avec le nom qui suit LE PEU DE. Ainsi quand on ne peut retrancher LE PEU DE sans donner à la phrase un sens opposé, le part. reste inv.

Je me plain.. avec raison du peu de complaisance q. v. av.. montr.. — Je doi.. à mon extrême économie le peu de fortune q. je me suis procur.. — Vos paren.. on.. lieu d'être méconten.. du peu de reconnaiss.. q. v. leur av.. témoign.. — Le peu de personn.. q. n. av.. rencontr.. étai.. plus dispos.. à n. évit.. qu'à n. adress.. la parole. — Le peu d'inst.. qu'on m'a laiss.. ne me permettai.. pas de v. écr.. — Je veu.. profit.. du peu d'inst.. qu'on m'a laiss.. — On doi.. attrib.. le peu de progr.. que les Chinoi.. on.. fai.. dans les sciences, à l'excess.. populat.. de leur pays, et à la loi qui leur déf.. d'en sort.. — Le peu d'eff.. que v. av.. fai.. est la seule cause de votre ruine. — Le peu d'eff.. q. n. aur.. fai.., aur.. suff.. pour n. faire réuss..

82. *Exercice sur les règles précédentes.*

Les abondant.. moissons q. n. on.. donn.. ces marai.. desséch.., n. on.. bien récompens.. des trav.. q. n. a coût.. cette pénible entreprise. — Le peu de prudence q. v. av.. montr.. e. la seule cause des revers multipli.. q. v. av.. éprouv.. — Pendant les 3 mois q. les chaleurs on.. dur.., n. av.. beaucoup souff.. — Le peu de jours q. n. av.. jou.. de votre présence, av.. suff.. pour éternis.. nos regr.. — Il n'est pas susceptib.. de la fermet.. qu'il aurai.. fall.. — N. éprouvions plus de joie q. n. n'en av.. montr.. — Les forêts q. n. av.. défrich.., les déser.. q. n. av.. peupl.., les marais q. n. av.. desséch.., les montagn.. arid.. q. n. av.. recouv.. de terre végét.., on.. doubl.. l'étend.. de notre territoire; les richess.. q. n. n. somm.. procur.. par de tels moyens peuv.. excit.. l'envie, mais ne n. attireron.. jamais les reproch.. que tant de conquéran.. on.. mérit.. — Les malh.. q. n. v. av.. annonc.. étai.. inévitab.. — La fertilit.. de ce pays ne répon.. pas à l'idée q. je m'en étai.. form.. — Les troup.. q. l'on a envoy.. contre les rebell.. on.. été complètement batt.. — Je v. félicite, mon ami, de la récompense q. votre bonne conduite v. a val.. — N. n. souv... encore des peines q. ce voyage n. a coût.. — Tou.. ignor.. q. m'on.. sembl.. ces poésies, j'y ai trouv.. plus de beautés q. je n'av.. cr.. d'abord. — Mes nev.. se son.. appliq.. à l'étude pendant le peu d'ann.. qu'on leur a laiss.. pour se procur.. quelq.. instruct..; les connaiss.. qu'ils ont acq.., la bonne réputat.. qu'ils se son.. fai.., les ont amplement dédommag.. des privat.. qu'ils se son.. impos..; les plaisirs qu'ils se son.. refus.. se serai.. déjà effac.. de leur souvenir.

83. Le pr. rel. doit suivre immédiatement son ant..

La terre q. n. habit.., les astr.. qui n. éclair.., fur.. reçu.. dans le vaste sein d'une étend.. q. rien ne peu.. mesur.. — L'Etna, couver.. de neige, n'élance-t-il pas ver.. le ciel ses lav.. brûlan.., et de son sein déchir.. ne voit-on pas jaill.. des fleuv.. embras.. dont les ondes solid.. et les filons dévastateurs fui.. avec rapidit.. dans les campagn.., bris.. et entraîn.. tou.. ce qui s'oppose à leur furie? Tel un vieillard, dont la tête est ombrag.. de chev.. blan.. cache dans son sein un cœur agit.. de passions tumultueu..

84. Mais si l'ant. est suivi de déterminatifs qui en soient inséparables, le pr. rel. ne peut être placé qu'après ceux-ci, et ne s'en rapporte pas moins au premier subst.

Et ces plages, alternativem.. sèch.. et noyé.., où la terre et l'eau sembl.. se disput.. des possess.. illimit.., et ces brouss.. de mangles, jeté.. sur les confins indéci.. de ces deux élémen.., ne son.. peupl.. q. d'anim.. immond.. qui pullul.. dans ces repaires, cloaq.. de la nature, où tout retrace l'image des déjections monstrueu.. de l'antiq.. limon. — Comme on voi.. une colonne, ouvrage d'une antiq.. architecture, qui paraî.. le plus ferme app.. d'un temple ruineu.., lorsque ce grand édifice qu'elle soutenai.. fon.. sur elle sans l'abattr..; ainsi, etc. — Les statues de bronze et de marbre q. v. av.. admir.. ne son.. pas antiq..

85. La phrase est mauvaise si le pr. rel. est séparé de son ant. par des mots qui ne soient pas nécessairement liés à cet ant. — *Corrigez les prop. suivantes.*

J'ai reçu une lettr.. de votre père qui m'instr.. de votre prochain retour. — J'appren.. cette nouv.. avec le plus gran.. plaisir, qui se trouv.. confirm.. par des rapp.. certains. — Trois régimen.. son.. arriv.. ce matin, don.. une partie restera ici en garnison. — J'ai donn.. un beau liv.. à ton frère, qui e. doré sur tranches. — On a présent.. ces belles fl.. aux princess.., don.. l'odeur est tellement suave.

86. Le PR. INTERROGATIF n'est qu'un pr. rel. dont l'ant. est sous-ent. — QUI *v. a dit cela?* sign. *nommez la personne qui v. a dit cela?* QUI interrog. est suj. quand il sign. *quel est celui* QUI ; il est C. D. quand il sign. *quel est celui* QUE. — Parmi les pr. interr. il faut remarquer QUEL, et COMBIEN ou QUE DE suivi d'un nom. — Lorsque le part. passé a pour C. D. *combien* ou *que de* suivi d'un nom, il ne prend l'accord que quand ce nom est au pl. QUICONQUE sign. *tout homme qui.* Ce mot, touj. sing. m., ne doit jamais être suivi de IL, ni d'un pr. rel.

Barbare, qu'a..-tu fai..? Avec quelle furie a..-tu tranch.. le cours d'une si belle vie? Av..-v. pu, cruels, l'immol.. aujourd.. sans que tout votre sang se soulevât pour lui? Mais parle; de son sort qui t'a rend.. l'arbitre? Pourq.. l'assassin..? Qu'a-t-il fai..? A quel titre? Qui te l'a di..? — Q. voi..-je? Est-ce Hermione? Et q. vien..-je d'entend..? Pour qui coul.. le san.. q. je vien.. de rép..? — O comb.. les Français von.. rép.. de larm..! — Où me cach..? Fuyon.. dans la nuit infern.. — De quoi voul..-v. q. je v. avert..? Quel.. monstres, di.. Bourbon, vol.. dans ces clima..? quel.. gouffr.. enflamm.. s'entrouvr.. sous mes pas? — A qui s'adress.. ces parol..? — Qui av.. v. rencontr..? — De qui av..-n. parl..? — Quel.. personn.. av..-v. rencontr..? — Je ne sai.. d'où son.. sort.. ces enf.. — D'où te vien.. cette nouv.. audace ? — Je ne sav.. q. faire. — On ne sav.. à quoi s'occup.. — *Quiconque* e. riche e. tou.. — Extermin.., gran.. Dieu, de la terre où n. somm.., ... avec plaisir répan.. le san.. des homm.. — Ce trav.. est diff.. pour ... l'entrepr.. sans s'y êtr.. prépar.. — Voici deux routes ; laq.. préfér..-vous ? — Q. de rempar.. détr.. ! q. de vill.. forc..! quel.. moissons de gloire en courant amass.. ! — D'où part.. les cris q. n. av.. entend.. ? — Quel.. mau.. n. av.. souff..! — Quel.. personn.. aurai.. été renvoy.. ? — Quel.. maison as-tu répar.. ? — Comb.. d'enf.. av..-v. instr.. ? — Je ne sai.. quel.. travaux v. av.. interromp.. — J'ignor.. quel.. raison ils on.. donn.. d'une telle démarche. — V. sav.. comb.. de difficult.. n. av.. rencontr.. — Comb.. de patience n'a-t-elle pas montr..? — Q. de soins m'eût coût.. cette tête charmante ! — Q. de provinces nos arm.. on.. conq..? Q de gloire elles ont acq..! — Quel.. facilit.. cet écriv.. a montr.. dans tou.. les genr.. ! — Voici plusieurs étoff.., lesq.. av..-v. préfér.. ?

87. Le PR. DÉMONSTRATIF distingue un ou plusieurs obj. d'une même classe. — Ce pr. est CELUI, CELLE, CELLES, CEUX. — Il ne s'accorde pas nécessairement en nombre avec le nom auquel il se rapporte. — Il doit touj. être suivi ou de la prép. DE, ou d'un pr. rel., ou de l'un des adv. CI, LA. — Il ne peut être employé ni seul ni suivi immédiatement d'un adj. — CI indique le dernier obj. dont on a parlé, ou annonce ce qu'on va dire : LA indique le premier obj. dont on a parlé, ou rappelle ce qu'on a déjà dit. — Il en est de même de VOICI, VOILA. — CE, devant est, forme le v. imp. C'EST, qui reste

4*

touj. à la 3e pers. sing., excepté devant un nom pl., ou un pr. de la 3e pl.: *ce sont eux*.

De tou.. les riv.. de la France, la Saône est celle qui a le cour.. le plus len..; de tou.. nos fleuv.., celui don.. le cour.. est le plus rapide est le Rhône. — Cette histoire est la plus intéress.. de tou.. celles q. v. m'av.. déjà lu.. — On préfèr.. votre ouvrage à tou.. ceux qui on.. déjà parl.. sur cette matière. — Ils son.. si présompt.. qu'ils se croi.. dépouill.. des conquêt.. qu'ils n'on.. pu faire; si avid.., qu'ils ne se born.. jamais à cell.. qu'ils on.. fai.. — Ce vaste tour que la terre décri.. n'est lui-même qu'un poin.. très-délica.., en comparaison de celui que les astr.. qui roul.. dans le firmamen.. embrass.. — Les seul.. louang.. q. le cœur donne sont celles que la bont.. s'attir.. — De ces éditions, j'ai chois.. celle qui m'a par.. la plus belle. — De tou.. les félicit.., celle don.. les just.. jouiss.. dans le ciel, est la seule à laq.. n. dev.. aspir.. — Celui qui met un frein à la fur.. des flo.. sai.. aussi des méch.. arrêt.. les complo.. — Celui qui s'offens.. facilement découv.. son faible. — Les pensées vraiment gran.. son.. celles qui part.. du cœur. — Ma charit.. s'éten.. sur tou.. ceu.. que je voi.. — N. choisiss.. souvent des louang.. empoisonn.. qui fon.. voir par contre-coup, dans ceux q. n. louon.., des défau.. q. n. n'os.. pas découv.. d'une autre sorte. — L'influence du luxe se répan.. sur tou.. les class.., même sur celle du laboureur.

En quoi peu.. un pauvre reclu.. v. assist..? Que peu..-il faire, que de pri.. le ciel qu'il v. aid.. en ceci? — Moi, l'emport..! et que serai..-ce, si v. portiez une maison? — Qu'ai-je fai.. pour me voir ainsi mutil.. par mon propre maître? Le bel état où me voici! — Regard.. bien, ma sœur, est-ce ass.., dit..-moi, n'y sui..-je point encore? Nenni: m'y voici donc? Poin.. du tou.. M'y voilà? V. n'en approch.. point. — *C'est* moi qui vien.. — ... v. qui parl.. — ... ces dames qui arriv.. — *Ce fut* lui qui *arriva*. — ... nous qui arriv.. — ... eux qui arriv.. — C'étai.. toi qui écoutai.. — Ce fu.. eux qui écoutèr.. — Ce *sera* moi qui viendr.. — Ce ... eux qui viendr.. — Ce ... toi qui courr.. — Ce *serai*.. lui qui courr.. — Ce ... eux qui courr.. — Ce ... moi qui lir..

De tou.. ses ver.., un poète répétai.. celui-ci avec le plus de complaisance : Le triden.. de Neptune est le sceptre du monde. — Ne pas nous imagin.. q. les autr.. son.. plus heureu.. q. n., voilà un des meill.. moy . de ne pas n. croire malheur.. — Il est un précepte de moral.. qui ne me paraî.. pas moin.. sévère que tout autre, le voici : Joui.. et ne nui.. à personne. — N. av.. admir.. Corneille et Racine; celui-ci est plus tendre, celui-là plus sublime.

88. Pron. combinés entr'eux et avec les auxiliaires; homonymes.

Ma vie e. peu de chose. — Qui ... rav.. ... gloire? — C'e. toi qui ... perdue. — Le ... e. brisé. — L'air e. pur, *mais* froi.. — Tu ... don.. enlevé! — Qu'il ... dou.. d'être admis ! — ... jours son.. en tes mains. — Je crain.. qu'on ne ... fai.. un fidèle rapport. — L'appétit assaisonne nos ... — Il ... sa lettre au net. — Tu *mens*, je ... aperçoi.. — Pren.. la *mie*.. — Ce trav.. e. dur ; mais je ... sui.. accoutumé. — Il pleu.. ; je ... attendai.. — Il se ... à rire. — Ote *tes* bas. — Tu ... fai.. mal. — Cet argent ... dû. — Enfin tu te ... — Je ... di.. vrai. — C'e. moi qui ... vu. — Il fau.. qu'on ... tromp.. — On v. *tend* la main. — S'il y a des roses, je ... cueillerai ; je ... apporterai. — Tu a. perd.. ... de ..., e. tu ne ... dout.. pas? — *Ta* folie ... perd.. — Quel ... d'os! — On ... dit vrai. — Le *mont* va s'écroul.. — Vos larm.. ne ... pas ému ; ... cœur y e. insensib.. —

Ils ... vu dans ... lit. — *Ton* père e. ... oncle ... favoris.., e. ... laiss.. de gran.. biens. — Changez de ... — Tu *t'y* pren.. mal. — *La* montre n'e.. plus ... ; tu ... vendue, on me ... dit : tu ... retrouveras. — La vertu e. belle dans *les* plus ... — Je sui.. esclave, mais tu ... plus q. moi ; chacun ... de ses passions. — Voilà le loup ; c'e. moi qui ... tué. — Il boi.. du petit-... — Tu e. triste; pourq.. ...-tu ? — Il se peu.. q. je ... deviné. — Il nie tout, quoique tu ... vu, et q. les autres ... entend.. — Sois *lent* à résoudre. — Mon frère viendra ... prochain si je ... prie. — Ce trav.. fatigue mon fils ; je ... dispense. — Les *longs* trav.. de mon père ... vieill.., e. ... croirai.. qu'il e. très-âgé. — Si ... di.. vrai, ce voyage e. ... ; bien des gen.. me ... assur.. — La *lie* e. dans ce pot ; je ... ai mi.. ; il fau.. ... laiss.. — Le fleuve rentre dans son ... — Ci-*gît* par qui les autr.. gisent. — C'e. à Troie, e. ... cour.. — *Jean* le bon, roi de France. — Pauvres ... ! — Vraiment, ... suis d'avis. — On *nie* le fait. — Il ... à ... charit.. ... justice dans cette conduite ; je ... voi.. qu'une aveugle colère. — *N'a*-t-on rien dit ? — Tu ... pas tort. — On ... rien su. — La dame au *nez* pointu. — ...-tu plus le Dieu jalou.. ? — Rien ... beau q. le vrai. — Un fils v. e. ... — Il ... q. minuit. — ... pas peur. — Tu ... pas fâch.. qu'on ... pas parl.. — L'homme ... pour mourir. — Je ... rien dit. — L'éternel e. son *nom*. — ..., tu ne mourr.. point. — Les avares ... jam.. été heur.. — Ils ... rien vu. — *Dis*-n.. la vérit.. — Cette affaire t'occupe ; tu ne cess.. ... pens.. — Reste *dans* ton pays ; qui te di.. ... sort.. ? — J'ai une ... gât.. — La *scie* e. perd.. — Je ne sai ... cet ouvr.. ... laborieux a déjà fini. — Le jardin e. ouv.. ; on ... promène. — Que veu.. cet homme ... ? — Cette affaire e. ... embrouill.. qu'on ... per.. — Où son.. *ces* téméraire.. ? — ... moi qui ... l'histoire. — ... elle qui ... cach.. — On ... q. ... ton frère qui ... tué. — Elle ... amus.. avec ... sœurs e. ... cousines. —

Cette fl.. *sent* bon. — ... e. trop; je ... q. ... v. je ne pui.. vivr.. — Il ... son tort, il ... repen.. — Il connai.. le danger : ... fois il ... e. tir.. ... peine. — ... e. assez. — Le *cas* e. rare. — ...-t-il dit, ...-tu répondu? ... l'instant on sorte d'ici. — ...-tu vu? ...-t-on résolu? — Un *quai* e. une levée de pierr.. le lon.. de l'eau. — ...-je fait? — ...-tu de plus q. moi? — ...-ce q. la sagesse? — ...-il arriv..? — *Quant* à moi, je voi.. ... tout ou peu.. réuss.. ... on sai.. attendre. — ... viendr..-tu? — ... pens..-tu? — Voilà ce *qu'on* di.. — ... de commun nos aff..? — V. sav.. ce ... résol.. nos paren.. — Je sai.. à *qui* je parle. — Me voici à Paris; ... ferai-je? — ... a-t-il? — ... v. a dit cela? — *Analysez cet exercice.*

89. La prép. jointe au C. de manière, de temps, de lieu, de quantité, forme l'adverbe. — Ainsi l'ADVERBE est un C. I. en un seul mot, qui exprime COMPLÈTEMENT une circonstance de l'état ou l'action.

N. trav.. *avec courage.* — Q. de gen.. prenn.. *avec hardiesse* le masque de la vertu! — D'abord il s'y pri.. *d'une mauvaise manière;* puis un peu d'une *meilleure manière*, puis *d'une bonne manière.* — Ce lac fu.. *dans les temps passés* une fertile campagne. — Auguste buv.. e. mangeai.. *en petite quantité.* — Il fau.. être circonsp.. : votre oncle l'étai.. *avec excès;* v. ne l'êtes pas *en quantité suffisante.* — Quand on a a des défau.., il vau.. mieux s'en corrig.. *en un temps tardif* que *dans aucun temps.* — Où all..-v. *en ce jour?* — Je veu.. rest.. *en ce lieu.* — Elle a agi *avec prudence.* — Ne me tourment.. pas *de cette manière.* — Pourquoi êtes-v. *à tel point* difficile? — Cet homme est *en tout temps* conten.. — *Substituez aux C. I. les adv. tard, prudemment, ici, etc., selon le sens de chacun.*

90. *Analysez les prop. suivantes, décomposez les adv., et désignez les v. et les adj. qu'ils modifient.*

Ne m'a..-v. pas v.-même, ici, tantôt, ordonn.. son trépas? — Le style le moins noble a pourtant sa noblesse. — N. voy.. mal les choses trop voisines de nous. — Mars autref.. mi.. tou.. l'air en émeute — Jadis tou.. les humains erran.. à l'aventure, à leur sauvag.. instinct vivai.. abandonn.. — On aime rarement la vertu sous une forme si austère. — La souris étai.. fort froiss.. — D'abord il s'y pri.. mal. — Sous un chêne aussitôt il va prend.. son somme. — Nul voyag.. n'osai.. pass.. une barrière si puissante. — Henri IV étai.. vraiment digne d'être ass.. sur le trône de France. — Mortellem.. att.. d'une flèche empennée, un ois.. déplorai.. sa triste destinée. — Un mor.. s'en allai.. tristem.. s'empar.. de son dernier gîte; un curé s'en allai.. gaiment enterr.. ce mor.. au pl.. vite. — On li.. peu ces auteurs nés pour n. ennuy.. — Une personne parfaitem.. prudente ne di.. rien sans en av.. bien soigneusem.. examin.. la val..

91. De la plupart des adj. on forme des adv. de manière, en ajoutant *ment* au f. Les adj. term. par une voyelle, forment les adv. par l'addition de *ment*. Des adj. term. en *ant* ou *ent* on forme les adv., en changeant *nt* en *mment*.

Dans chacune des trois parties de l'ex. suivant, formez chaque adv. de l'adj. qui lui correspond.

1° *Adj. dont on formera le fém.* Fou, mou, mortel, honteux, grossier, fier, amer, clair, niais, civil, pur, fort, léger, sourd, lent, glouton, vif, excessif, vain.

F. pompeu.. dans sa verve indiscrète. — Le bruissement des flo.. m.. agit.. — Vous m'av.. m.. offens.. — H.. chassé du temple de mémoire. — Ces sauvag.. ador.. une idole gr.. sculpt.. — Les Gauloi.. répondir.. f.. qu'ils ne connaiss.. q. le droi.. de conquête. — Cette pauvre pêch.. pleur.. am.. sur ses fautes. — Ce q. l'on conçoi.. bien s'énonce cl.. — Il riai.. n. en n. regard.. — N. av.. ét.. reç.. fort civ.. — Pein..-moi lég.. l'amant léger de Flore; qu'un dou.. ruiss.. mumur.. en vers pl. dou.. encore. — C'est toi qui n. prédi.. ces tragiq.. fur.., qui couv.. s. dans l'abîme des cœurs. — Hât..-v. l. et sans perd.. courage. — Les lou.. mang.. gl.. — V. pressé par les ennemis. — Elle ét.. exc.. fatig.. — L'un l'autre v. ils sembl.. se haïr.

2° *Adj. qui se term.. par une voyelle.* Modéré, inviolable, inconsidéré, noble, étourdi, ingénu, éperdu.

Riez mod.., entendez raillerie. — Tenez votre parole inv.., mais ne la donn.. pas inc.. — De mor.. e. de mouran.. nob.. entouré. — Elle a parl.. fort.. ét.. — N. av.. di.. ing.. ce que n. pensions. — Un homme chérissai.. ép.. sa chatte.

3° *Adj. en* ant *ou* ent. Constant, prudent, impatient, conséquent, ardent, puissant, courant, impudent, indifférent, élégant, imprudent, différent, abondant, obligeant, négligent, languissant, instant.

N. av.. c. imit.. la nature. — Il parl.. c. agi.. pr.. — J'atten.. impat.. une réponse. — Tu n'as pas ag.. cons.. — On désirai.. ard.. de v. parl.. — Voilà ce qui s'appel.. puiss.. raisonn..! — Il ne s'e. pas condui.. gal.. — Ces étrang.. parl.. cour.. notre langue. — Peu..-tu ment.. aussi impud..! — L'autruche aval.. indif.. tou.. ce qu'elle trouv.. — Ses cheveu.. ét.. très-élég.. relev.. — Il a impr.. engag.. l'armée dans des défilés. — Nos paren.. pens.. tout diff.. — Cette contrée prod.. ab.. tou.. ce qui e. nécessaire. — Ils n. ont oblig.. off.. leur secours. — Son mant.. étai.. négl.. jet.. sur ses épaules. — De peti.. ruiss.. traîn.. lang.. leurs gémissant.. eaux. — Je v. pr.. inst.. de ne pas me cach.. la vérit..

92. Tout mot est adv. quand il se rapporte à un v., à un adj. ou même à un autre adv. Ainsi les subst., les adj. et les art. deviennent adv., et par conséquent inv., quand ils se rapp. à un v., etc. — *Beaucoup*, *assez*, *peu*, *trop*, *tant*, *autant*, *plus*, *moins*, *pas*, *point*, sont subst. quand ils sign. UNE *quantité grande*, *suffisante*, *petite*, *excessive*, *telle*, *égale*, *supérieure*, *inférieure*, *nulle*; ils sont adv. quand ils sign. EN *quantité grande*, *etc.*

Dans l'ex. suivant, distinguez les subst. des adv.

A beauc.. de plaisir, je mêl. un peu de gloire. — Quiconque a beauc.. vu peu.. av.. beauc.. retenu. — Cet homme trav.. beauc.. — Les peupl.. du nord aim.. beauc.. les liq.. fortes. — On ri.. beauc.. de l'aventure. — Peu de gen.., que le ciel chéri.. et gratifi.., ont le don d'agr.. infus avec la vie. — Comme les consuls paraissai.. peu habil.., on cru.. convenable de nomm.. un dictateur. — Je crain.. peu votre impuiss.. courroux. — Usez du peu que n. av.. — Jam.. tant de vertu fut-elle couronn..— Je ne conçoi.. pas pourq.. v. trav.. tant. — O Voltaire! comb.. ton sort fu.. moins heureux! ton sujet, un peu triste, e. trop près de nos yeux, trop voisin de nos temps. — Peu de générau.. aur.. déploy.. autant d'habileté.

93. 2° Parmi les adj. qui peuvent être pris adv., il faut remarquer *cher*, qui est adj. quand il modifie un subst., et alors il sign. *coûteux* ou *bien aimé*, et qui est adv.

quand il modifie un v. ; alors il sign. *beaucoup* ou *chèrement*.

Je n'ai point des sentim.. si *bas*. — N. av.. parl.. très-..., cepend.. on n. a entend.. — Cette île est très-... — Le *clair* flamb.. des nui.. — Les définitions doiv.. être ... — On ne voi.. pas ... ici. — Elle enten.. fort ... — Ces hommes parl.. aussi ... que des femmes. — Cette liq.. ne m'av.. pas par.. ... — Un sot n'a pas assez d'étoffe pour être *bon*. — Les ... se son.. corromp.. dans la compagnie des méch..— Ces fl.. sent.. ...—N. tiendr.. ...—Pepin le *bref* fu.. le prem.. roi de la seconde race. — Les réci.. de cet historien son.. ... — Il ne pouv.. que dire, sans odorat ; ..., il s'en tir. — La ligne droite e. le plus *court* chemin d'un point à un autre. — Les lon.. regr.. des ... plaisirs. — Elle s'arrêta tout ... — N. resterons bientôt ... — Les mant.. ... — Maudit soi.. l'auteur *dur*, dont l'âpre et rude verve, son cerveau tenaillant, rima malgré Minerve. — On v. a di.. des vérit.. un peu ... — Il fau.. cri..; elle enten.. fort ... — J'ai du bois *sec*, des feuil.. ... — Tu veu.. n. donn.. des frui.. ... — N. leur av.. répond.. un peu ... — Elle m'a parl.. fort ... — N. av.. trouv.. l'écrit.. moins *nette* sur le papier *fin*. — Les caractères me paraissai.. trop ... — Je n'en av.. nul droi.., puisqu'il fau.. parl.. *net*. — Ces d[lles] v. ont di.. tout ... ce qu'el.. pensai.. — Il savai.. align.., pour le plaisir des yeux, des poiriers déjà *forts*, des ormes déjà vieux. — N. n. somm.. cr.. ... heureux d'av.. échapp.. à la mort. — Je le donne aux plus ... — Ces ouvrag.. sont ... lon.. et ... ennuy.. — Dans le plus *haut* rang, il n'oublia pas qu'il étai.. homme. — On a abatt.. ces ... peupliers. — V. port.. bien ... vos prétentions. — A de plus ... partis Rodrigue doi.. prétend.. — Ces princes descend.. en ligne *droite* de Mahomet. — Ma fille, tenez-v. ... — Elle n'écr.. pas ... — N. voul.. all.. tout ... à Paris. — Elle va ... au but. — Il a laiss.. voir des intent.. ... —

Prenez une *ferme* résolut.. — Les ennemis aurai.. tenu ... — Le paquet étai.. *franc* de port. — Il m'a envoy.. les lettr.. ... de port. — La violette di.. en vers très-jol.. : modeste en ma couleur, modeste en mon séjour, ... d'ambition, je me cach.. sous l'herbe.—N. leur av.. di.. ... et net ce que n. pensions. — Je vai.. v. parl.. ... — Il peu.. saut.. 24 semelles ... — Il est mor.. de la mor.. des *justes*. — Vos reproch.. ne me sembl.. pas ... — Mlles, v. ne chant.. pas ... — Voilà tout ... les papiers que je cherch.. — MM., v. ne raisonn.. pas ... — Il fau.. parl.. bien ... devant v. — Il porte de *faux* chev.. et une ... barbe. — Il m'a pay.. en ... monnaie. — Elle chante ..., elle raisonne ... — Soyons *vrais* dans nos disc.. — Telle est la ... éloquence. — N. v. parl.. ... — Ce copiste av.. la main fort *vite*. — Vos mouvemen.. son.. trop ... — Il a les chevaux les plus ... — V. parl.. trop ... — Tu march.. assez ... — Rien n'est plus *cher* que le temps. — J'ignor.. le destin d'une tête si ... — Je ne veu.. pas achet.. si ... un repentir. — L'étude faisai., nos plus ... délices. — Les choses inut.. coût.. touj.. trop ...; elles sont touj.. trop ... — Que n. av.. pay.. ... des plaisirs d'un moment! — Puis-je sacrif.. mes plu. ,.. intérêts? — Ces tabl.. on.. ét.. ach.. trop ... — Il ne ven.. que des vins ... — Je ne voul.. pas ach.. des étoff.. aussi ... — Je n'acheterai pas aussi ... des étoff.. assez communes. — V. viendr.. goût.. nos vins *nouveaux*. — J'ai goût.. des vins ... percés.

94. *Tout* est art. quand il est joint à un nom; alors il s'accorde avec le subst. en genre et en nombre; *tous les enfants*, *nous tous*, *toute la terre*. *Tout* joint à un subst. sans art. sign. *entier* ou *chaque*, et alors il reste au sing. ainsi que le subst., mais il en prend le genre. *Toute femme*, *toute espérance*; c'est-à-dire *chaque femme*, *entière*

espérance. — *Tout*, n'ayant rapport à aucun subst., reste au m. sing. : *tout est fini*, *Tout* peut se rapporter à un subst. ou à un pr. qui n'y est pas joint immédiatement, et il y a cependant accord : *voilà les livres; prenez-les tous.* — Enfin *tout* est adv. et inv. quand il sign. *entièrement* ou *si*, *tellement*; alors il se rapporte à un adj. : *nous sommes tout tristes*, *tu parles tout bas*; cependant quand *tout*, adv., est placé devant un adj. qui commence par une consonne ou une *h* aspirée, il prend le genre et le nombre de l'adj. On écrit *toute autre*, sign. *une autre*, et *tout autre*, quand on veut dire *entièrement autre*.

Tout le pays est ravag.. — ... les jours je t'atten.., tu rev.. ... les jours. — Elle invoq.. à gran.. cris ... les dieux du Ténare. — Puiss.. ... ses voisins ensemble conjur.., saper tes fondemen.. encor.. mal assur.. ! — Là on trouvai.. ces arbr.. dont la fl.., qui se renouv.. dans ... les saisons, répan.. le plus dou.. de ... les parf.. — Cotin à ses sermons traînant ... la terre. — Il semble que le ciel, sur ... tant que n. somm.., soi.. oblig.. d'av.. incessamm.. les yeux. — Dans ... les lieu.. l'art des législateurs sur l'empire des yeu.. fonda celui des mœurs. — Ce resp.. seul est ... — ... consolation qui vien.. des homm.. e. vaine, e. ne dur.. point. — ... œuvre extér.. ne ser.. de rien sans la charit.. — ... puissance e. faible, à moins que d'être unie. — ... élog.. trompeur bless.. une âme sincère. — ... bourgeoi.. veu.. bât.. comme les gran.. seign.. ; ... peti.. prince a des ambassad.. ; ... marquis veu.. av.. des pages. — De ... inconn.. le sage se méfi.. — Jam.. on ne per.. ... espérance. — Il fu.. ... heureu.. e. ... aise de rencontr.. un limaçon. — Elle fi.. un choix qu'on n'aur.. jamais cru ; se trouvant à la fin ... heur.. et ... aise de rencontr.. un malotru. — **La** terre, le soleil, le temps, ... va périr. — **La** vertu, ... austère qu'elle v. paraî.. — **Cette** science, ... difficile qu'elle e. — **Loin** d'ici ces maximes de la flatterie, que les âmes des rois sort.. des mains de **Dieu** ... sag.. et ... savant.. — **V.** n'aim.. pas la campagne, ... agréab.., ... rian.. qu'elle est. — **Ayez** ... confiance en nous. — **Mes** sœurs étai.. ... distrai.., ... occup.., ... ennuy.. — **On** vien.. de ... côté, ou de ... côtés ; de ... part, ou de ... parts. — ... autre nation aurai.. perd.. courage. — **En** ... autre circonst.. nous tâch.. de v. être util.. — **Que** j'étud.. les mathématiques ou ... autre science, il fau.. que j'y appliq.. mon esprit. — **J'ai** trouv.. cette maison ... autre qu'elle n'ét.. l'année pass.. — **V.** av.. une ... autre figure. — **La** méthode que n. voul.. suivr.. est ... autre. — **A** Paris ou dans ... autre ville. — **Cet** enf.. est ... yeux et ... oreill.. — **March..** ... doucement. — ... magnifiquement habill.. qu'elle étai.. — **Les** choses allai.. ... de trav.. — **V.** aur.. le ... pour 6 fr. — **L'unité** n'existe plus quand ... les parties ne convienn.. pas nécessairement à un même ... — **Elle** étai.. ... attention. — ... à vous, votre amie **Joséphine.** — **Elles** son.. ... zèle, ... ardeur. **Elles** von.. ... dans.. — ... son.. également coupab.. ; ... ont mérit.. la mor..

Quelque est art. ind. quand il sign. *un*, *une*, *du*, *de la*, *des*, *plusieurs* ; alors il se rapporte à un subst., avec lequel il s'accorde. *Quelque chose* est touj. sing., et veut l'adj. au m. : *Quelque chose de beau. Quelque temps*, *quelque part*, touj. au sing. Écrivez en un seul mot *quelquefois*, *autrefois. Quelque* sign. *si*, *tellement*, *à quelque degré*, est adv. et inv. *Quelque belles que soient ces fleurs*, c'est-à-dire *si belles*, *à quelque degré belles.*

— *Quel que* s'écrit ainsi en deux mots devant un v. Alors *quel* est un adj. indéterminé qui doit s'acc. avec le subst. *Quel que soit mon malheur*, *quelle que fût ma peine.* — Mais devant le subst., ce qualificatif s'écrit en un seul mot, et s'acc. avec le subst. *Quelque peine que j'éprouve*, *quelques maux que je souffre.* — L'e final de *quelque* en un mot, ne se perd que dans *quelqu'un*, *quelqu'une.*

Je montre *quelque* joie de voir le fils d'Achille et le vainq.. de Troie. — La Grèce a-t-elle encore ... droi.. sur sa vie? — Que les Grecs cherch.. ... autre proie. — Au bou.. de ... jours le voyag.. arriv.. — ... crimes touj.. précèd.. les gran.. crimes. — Av..-v. ... haine pour le vice, ... amour pour la vertu? — J'av.. de ... espoir une faible étincelle. — Si j'étai.. ... peintre ou ... étudian.., reparti.. le renard, j'avancer.. la joie q. v. aur.. en le voyan.. — J'en pui.. jouir demain, et ... jours encore ; je pui.. enfin compt.. l'aurore plus d'une fois sur vos tomb.. — Craign.., Romains, craign.. que le ciel ... jour ne transport.. chez v. les maux et la misère. — Je veu.. ... jour arrang.. ma bibliot.. — Dans ... circonst.., il fau.. paraîtr.. av.. tort. — ... volum.. me manq.. déjà. — ... soi.. la beaut.. de la vertu. — ... que soi.. ta puiss.., tu es mortel. — ... que fu.. ma faibl.., je voul.. résist.. — ... que soi.. les forces de cet empire, il peu.. s'écroul.. — Nos vertus, ... soi.., son.. loin de la perfect.. — ... soi.. le forfait, le repentir l'expi.. — ... fuss.. mes maux, ... fût ma misère, on y paraissai.. insensible. — Tes infortunes, ... soi.., n'excit.. nullement ma pitié. — ... ait été votre beaut.., il n'en reste auç.. trace. — ... ai.. ét.. mes efforts, je n'ai pu réuss.. — ... suj.. qu'on traite, ou plaisan.., ou sublime. — De ... façon qu'un esclave le nomme, le fils de Jupiter passe ici pour un homme. — ... richesse qu'on ait, de ... plaisirs que l'on jouisse, à ... dignités que l'on parv.., ... jour il fau.. tout quitt.. — ... malh.. que n. annonc.. les dieux, n'écoutons que la voix du devoir. — ... méch.. que soi.. les homm.., ils n'oserai.. paraît.. ennemis de la vertu. — ... brillan.. que soi.. ces nuag.., ils ne renferm.. que de l'eau. — ... hau.. que nous paraiss.. les montagn.., ... profon.. que soi.. les mers, ce ne sont que de légères inégalit.. sur la surface du globe. — ... var.. que soi.. nos plaisirs, ... multipl.. que soi.. nos occupat.., ... gran.. que soi.. nos afflict.., ... ridic.. que soi.. notre vanit.., ... imparf.. que soi.. notre sagesse. — C'est en ... sorte se donn.. part aux bell.. actions, que de les louer de bon cœur. — ... enrhum.. que tu soi.., ma fille. — ... décourag.. que je soi.. — ... fatig.. que v. soy.., Mmes. — J'admir.. les usag.. de ... peupl.. anciens. — On retrouv.. à peine ... vestiges de cette ville. — ... centaines d'Espagnols ont dépeupl.. le nouv.. monde. — ... soin qu'on apporte à se corrig.., on conserv.. touj.. ... défauts. — J'ai trouv.. cette anecdote ... part. — Tu pren.. ... part à mes peines. — Voyez-vous ... chose d'assur.., de permanen.. ? — Il a touj.. ... chose de jol.., d'agr.. à racont.. — Les méch.. font *quelquefois* de bonn.. act.. — Ajoutez *quelquef..* et souv.. effacez. — Ce lac fu.. *autref..* une fertile campagne.

95. Les prép. *dans*, *hors*, *sur*, *sous*, *autour*, *avant*, et le subst. de quantité *plus*, ont toujours un C. ; les mots *dedans*, *dehors*, *dessus*, *dessous*, *alentour*, *auparavant*, *davantage*, sont adv., et n'ont aucun C. Ainsi dites : DANS *la mer*, PLUS *de force ;* mais ne dites point : DEDANS *la mer*, DAVANTAGE *de force*. — Cependant quand ces mots : *dedans*,

dehors, *dessus*, *dessous*, *alentour*, sont précédés d'une autre prép., ils peuvent avoir un C. : DE DESSUS *les remparts.* — DE SUR OU DESSUR est un barbarisme.

Dans et dedans. N. ét.. égar ... la forêt. — Le cabinet e. ouv.. ; cach.. — v. ... — Le mal vien.. du ... — Le ... est gât.. — Ouvr.. cette boîte, il n'y a rien ... — N. port.. au ... de n. des principes natur.. d'équit.., de pudeur, de droiture. — N. av.. pass.. par ... la ville. — Tu n. mett.. ... un gran.. embarr.. — *Hors et dehors.* Enfin n. somm.. ... de ce bois. — N. mettr.. ce chien ... — Ma maison est situ.. ... des murs. — Ils aur.. pass.. par ... de la ville. — V. cach.. une âme double sous de beaux ... — *Sur et dessus.* ...mon sort, en secr.., je doi.. le consult.. — Il a pr.. une chaise et il s'est ass.. ... — J'ai ôt.. les bouteil.. de ... le buff.. — La fav.. met l'homme au-... de ses ég.. — Enfin n. ay.. repr.. le ... — Elle s'appuy.. ... moi. — Il fau.. pos.. ce noyau ... une pierre et frapp.. ... — Je portais un mant.. par-... mon hab.. — *Autour et alentour* Les lou.. rod.. ... des établ.. — V. av.. fai.. une promenade ... de la ville. — Le poulailler est bien clos ; le renard a beau rod.. ... — Les ... de cette ville sont charm.. — Ils cour.. ... de la table. — La table est dress.. ; nous all.. nous plac.. ... — *Sous et dessous.* Le chien est cach.. ... le lit. — Si je lev.. cette pierre je trouv.. des cloportes ... — N. pass.. ... une voûte. — On l'a pr.. par-... les bras, et on l'a tir.. de ... la table. — Le ... me parai.. plus beau que le dessus. — Les corps plac.. sur la terre sont nomm.. sublunaires, parce qu'ils se trouv.. ... la lune. — Il souleva les couvert.. et se cacha ... — *Avant et auparavant.* Il fau.. ... tout, achev.. votre dev.. — Je voulai.. ... m'assur. de la vérit.. — Elle étai.. part.. ... que n. fuss.. sort.. — Le roi a pardonn.. aux rebel.. ; mais il a ordonn.. ... que toutes les arm.. lui fuss.. livr.. — ***Plus et davantage.*** Tu as montr.. ... d'espr.. que de jugem.. — On ne v. av.. pas perm.. de rest.. ... d'une heure ici. — Tu ét.. riche ; mais je l'ét.. ... — Je n'en atten.. pas ... d'un insens.. — Déjà du plomb mortel ... d'un brave e. att..

99. ***Chaque***, ***aucun***, ***aucune***, ***nul***, ***nulle***, restent au sing., ainsi que le subst. qui y est joint. — ***Chacun*** ne peut jamais être suivi d'un relatif comme *qui*, *dont*, *que*, etc. — ***Quelconque*** se joint à un subst. et en prend le nombre. — ***Nul***, sign. de nulle valeur, suit le subst., et peut se mettre au pl. — ***Personne***, sign. aucun, est m. sing. — ***Chaque*** est touj.. joint à un nom.

Suivant l'alcoran, il y a 7 paradis : ***chacun*** de matières extrêmement précieu.. Le plus beau e. gard.. par des anges à tête de vache ; ... corne a 40,000 nœuds, dont ... e. éloign.. de l'autre de 40 journ.. de chemin. Il y a d'autr.. anges dont ... a 70,000 bouch.. ; ... bouche 70,000 langues ; ... lan.. lou.. Dieu 70,000 fois ... jour. — ... de l'équité ne fait pas son flambeau. — ... de nos actions doi.. av.. un but louable. — ... de ces dames av.. 3 bagues à ... doigt. — Malheureuses ! ... de v. mérite la mort. — ***Aucun*** plaisir n'étouffe les remords. — ... chemin de fl.. ne cond.. à la gloire. — ... gloire n'égale celle de la vertu. — ... contrée n'est plus froi.. que le Spitzberg. — Il n'éprouve ... doul.. — Tu n'as ... motif de te plaind.. — ***Nul*** n'est opprim.., quand les lois sont en vigueur. — ... force ne résiste à la nécessité. — ... paix pour l'impie ; il la cherche, elle fui.. — ... arbre, ... plante ; ne croît sur ces tristes bor.. — ... oiseau ne s'y fait entendre. —

La mort a des rigueurs à ... autre pareill.. — L'homme n'a ... part de retraite plus tranq.. que dans son âme. — Les traités sont ... — Il est des êtres ..., sans bonté, sans malice. — Les poursuites sont déclar.. ... — Vos pouv.. sont ... — Tou.. ces procédures sont ... — Assignez-moi un emploi *quelconque*. — Tirez deux lignes ... — Prenez trois points ...

100. Locutions adverbiales et inv., la plupart composées d'une prép. et de son C. — Locutions homonymes ou à peu près semblables, qu'il faut distinguer avec soin : *De bonheur* (heureusement); *de bonne heure* (bientôt); *à la bonne heure* (soit, bien); *l'avenir*, s. m; *à venir* (qui viendra); *à l'envi* (avec émulation); *à l'envie* (au désir, à la jalousie); *de nouveaux*, *de plus belles*, adj.; *de nouveau* (une seconde fois); *de plus belle* (plus qu'auparavant); *peut être*, qui s'écrit sans tiret quand il a un sujet, et qu'on peut changer le temps et le nombre; *peut-être* (il peut se faire que); *à la nage* (en nageant); *en nage* (en sueur); *davantage* (plus); *d'avantage* (de profit, de supériorité); *tout à coup* (subitement); *tout d'un coup* (tout à la fois, tout d'une fois); *coup sur coup* (sans interruption); *tout de suite* (sur le champ); *de suite* (l'un après l'autre, consécutivement); *de but en blanc* (inconsidérément); *but à but* (également, sans avantage); *en butte* (exposé à); *après-dîner*, s. m. ou adv.; *après-dînée*, s. f; *à la fin* (au bout du compte, après tout); *enfin* (en dernier lieu, pour finir, en un mot).

Bien sûr et *la même chose* ne sont pas des

locutions adv., et ne peuvent être employés l'un pour *sûrement*, l'autre pour *de même*, *semblablement*, *semblable*. — *De suite* ne doit pas être confondu avec *tout de suite*. — *Par exemple* ne doit être employé que quand on cite réellement un exemple; et non dans le sens de vraiment, pour le coup. — *Encore* ne doit pas être confondu avec *aussi*. — *Encore* indique la continuation et l'augmentation du temps, d'une même action, de choses semblables; *aussi* désigne la réunion d'actions, de choses différentes. — On ne doit point employer *alors* pour ainsi, par conséquent. — Dites *au fur et à mesure*, *à mesure que*, *au fur et mesure*. — *A nage* pour *en nage* n'est pas français.

Nous ne sommes pas *à l'abri* du danger. — Il vole *à tire-d'aile*. — Joignez ces deux barres *bout à bout*. — La ville fu.. prise *d'emblée*. — On vous appelle *à cor et à cri*. — Tu laiss.. tout all.. *à vau l'eau*. Il me paraî.. q. cela tourne *en eau de boudin*, ou *en os de boudin*. — Tout est *sens dessus dessous* chez moi. — Il n'est point ici-bas *de bonh..* sans mélange. — ... pour ce loup, qui ne pouv.. crier. — Venez ..., j'ai besoin de v. — A la ...! ceci vaut mieux. — Je viendr.. de très-...; de meill.. ... que je ne suis venu hier. — *L'avenir* est couv.. d'un voile impénétr.. — L'éternel entretien des siècles ... — Je ne pu.. résist.. *à l'env..* de rire. — Les gran.. sont expos.. ... — Ils cour.. ... l'un de l'autre. — On s'empresse ... de les secour.. — On ne *peut être* heur.. sans la vertu. — Où ... cet enfant? — Je n'irai ... que demain à la ville. — Tu es ... fatig.. — N. passerons *l'après-dîn..* chez v. — N. partirons ... — Elles se sont sauv.. *à la nage*. — Je suis *en nage*. — Je passe ce fleuve ... — Elle a cour..; elle est ... — Je suis fatig..; mais tu l'e. encore *davantage.* — J'ai peu ... sur lui. — On le hait encore ... — Cette faute vous donne beaucoup ... sur moi. — La scène change *tout à coup.* — On ne dev.. pas sav.. *tout d'un coup.* — On ne peut termin.. tant d'aff.. ... — Il paraît ... — A ces détails, je vais en joind.. *de nouv..* — Il nous prie de ... de revenir. — Si ces fl.. ne vous plais.. pas, en voici *de plus bel..* — Il recomm.. à pleuv.. ... — Que d'événem.. *coup sur coup!* — Il vint *tout de suite.* — Je ne puis lire 2 pages *de suite.* — Allez ... où je vous env.. — N. av.. march.. 3 jours et 3 nuits ... — J'ai pass.. 15 nuits ... sans dorm.. — Répond..-moi ... — N'all.. pas *de but en blanc* lui propos.. cela. — Après av.. jou.. tou.. la soirée, n. n. trouv.. *but à but.* — L'homme e. touj.. *en butte* aux caprices du sort. — *A la fin* j'ai quitt.. la robe pour l'épée. — *Enfin* c'e. mon plaisir; je veux me satisf.. — Mon courage *à la fin* succombe à mes doul.. — *Enfin* Malherbe vint. — Quelq.. vices sont décor.. du nom de vertu; tel.. sont, *par exemple*, l'ambition e. la prodigalité. — Il ét.. libéral autref..; mais aujourd.. ce n'e. plus *la même chose.* — *La même chose* n'a plus lieu maintenant. — Ce que vous me dit.. e.-il *bien sûr?* — *La même chose* peut être présent.. de diff.. manières. — Ce n'e. pas là un moyen *bien sûr* de réuss.. — J'en puis jouir demain e. quelq.. jours *encore.* — Rien n'e. *encore* décidé. — Donn..-n. *encore* de l'argent. — Il e. malade e. sa sœur *aussi.* — J'ai achet.. des cerises e. des gros.. *aussi.* — (*Tout de suite* et *de suite.*) — Travaill.. ... — J'ai gagné 16 fois ... — Viens ... — Peux-tu dire 4 mots ...? — (*Encore* et *aussi.*) Il y a ... des fr.. sur cet arbre. — J'ai étud.., e. j'étudierai ... — J'ai étud.., e. vous étudierez ... — J'ir.. à la promenade, e. tes sœurs ... As-tu ... cet ouvrage? — J'ai des fl.. e. des fr.. ... — (*En nage*, *à la nage.*) Il s'e.. jeté ... — N. fîmes ce trajet ... — Ces pauv.. gens sont ... — Si peu d'exercice me met ... — *Rendez compte des différences de toutes ces locutions, et corrigez les phrases suivantes.*

Ah ! par ex.., si vous ne me rend.. *de suite* mon livre, vous serez puni e. *encore* votre frère. *Bien sûr* vous n'aurez pas de récréation. Votre frère e. *la même chose* que vous ; il se comporte *la même chose.* — Elle av.. des souliers ver.. et un chapeau *la même chose.* — Je partirai *bien sûr* demain ; si vous voul.. me charg.. de quelques commissions, donnez-les moi *de suite.* — C'e. bien singulier, *par exemple.* Je vais *de suite* m'inform.. de la vérité, e. je saurai *bien sûr* de quoi il e. question. — 5 aunes 1/2 à 12 fr. fon.. 66 fr. : v. me donn.. 55 fr., *alors* v. me dev.. 11 fr.

101. Même est adj. 1° quand il sign. *non un autre* ou *semblable* ; 2° quand il est à la suite d'un pronom : *nous-mêmes, elles-mêmes* ; ou à la suite d'un substantif : les *animaux mêmes* ; car c'est comme si l'on disait les *animaux eux-mêmes.* — Même est invariable, 1° quand il modifie un verbe ou un adjectif, 2° quand il suit plusieurs substantifs ; car alors il signifie aussi. — *Dans l'exercice suivant, remplissez les lacunes par le mot* même.

N. somm.. si accoutum.. à n. déguis.. aux autr.. qu'enfin n. n. déguis.. à n. ... — Un jour le labour.. dans ces ... sillons où dorm.. les débri.. de tan.. de bataillons, heurtan.. avec le soc leur antiq.. dépouill.. — Souffrir..-vous, Neptune, que ces impi.. se jou.. impuném.. de ma puiss.. ? Les Dieu.. ... la sent.. — Eh ! d'où vien.. cet enn.. de viv.. ? De tou.. ce q. je voi.. Ah ! bon Dieu, n'av..-v. pas le ... thym, le ... serpolet ? Oui, mais ce ne son.. plus les ... gen.. — Ils croyai.. s'affranch.. suiv.. leurs passions, ils étai.. esclav.. d'eux-... — Répand.. vos bienfai.. avec magnificence, ... à vos ennem.., ne les épargn.. pas; ne v. inform.. point de leur reconnaiss.., il e. gran.., il e. beau de [illegible], des ingra.. — Les plus rich.. ..., oui, les plus rich.. n'on.. pas de plus gran.. tourm.. q. leur [illegible]. — Les anim.., les plantes ..., étai.. au nombre des divinit.. égyptiennes. — L'exil, la [illegible], des tourm.. ..., ne peuv.. forc.. une grande âme à trah.. ses serm..

102. Le partitif exprime une partie d'un tout. Le part. prend DE aux deux genres et aux deux nombres, 1° quand il est précédé d'un adj.: *DE mauvaises raisons ont été données*; 2° quand il est précédé d'un adv. de quantité: *plus DE fruits*; 3° quand il est C. I. d'un mot qui exige la prép. *de*: *je me sers DE livres*. — Le partitif prend DU, DE LA, DES, hors des cas ci-dessus indiqués, et quand il est précédé de BIEN, sign. BEAUCOUP. — Si le partitif est composé d'un adj. et d'un nom unis d'une manière indivisible et ne formant pour ainsi dire qu'un mot, on ne le considère point comme précédé d'un adj. Ainsi on dit DES *petits-maîtres*, DU *petit-lait*. — Enfin le subst. non partitif prend DU, DE LA, DES, quand il est C. I. d'un mot qui gouverne DE. — Le mot qui suit DE se met au sing., 1° quand il exprime des [illegible] qui ne se comptent point, ou une [illegible] d'une seule chose: *beaucoup d'or*, *un morceau de pain*; 2° quand il désigne la qualité, l'espèce, la matière et non la quantité: [illegible] *l'huile d'olive*. — Le nom qui suit DE se met au pl., 1° quand il exprime un certain nombre de choses qui se comptent: *un paquet de plumes*; 2° quand il réveille nécessairement l'idée d'un pl.: *une pension de demoiselles*;

3° enfin quand l'usage ne permet pas de le mettre au sing. : *un homme de lettres*, c'est-à-dire qui cultive les lettres. — *Les lacunes de l'ex. suiv. représ.* DE, DU, DE LA, DES.

... pain e. ... l'eau me suff.. — ... flèch.. empoisonn.. atteigni.. un grand nombre de sold.. — Il fau.. boire votre vin pur, e. pour épaiss.. votre san.. qui e. trop subtil, il fau.. mang.. ... bon gro.. bœuf, ... bon gro.. porc, ... bon fromage de Hollande. — J'ai vu ... Athéniens faire étend.. sous leurs pieds ... tapis ... pourpr.., et s'ass.. mollement sur ... coussins apport.. par leurs esclav.. — ... fontain.. coulan.. avec un dou.. murmure sur ... prés sem.. ... amarant.. e. ... violett.., formai.. en diver.. lieux ... bains aussi pur e. aussi clair.. que le cristal. ... autres, par ... lon.. détour.., revenai.. sur leurs pas. — Dans ces prof.. vallé.. on voi.. croître l'herbe fraîche pour nourr.. les troup.. Auprès d'ell.. s'ouvr.. ... vast.. campagn.. revêt.. ... rich.. moisson.. Ici, ... côteaux s'élèv.. comme un amphithéâtre, e. son.. couronn.. ... vignob.. e. ... arbr.. fruitie.. Là, ... hau.. montagn.. von.. port.. leur front glac.. jusque dans les nu.., e. les torren.. qui en tomb.. son.. les sourc.. ... rivièr.. Les rochers qui montr.. leur cime escarp.. soutien.. la terre ... montagn.., comme les os ... cor.. humain en soutien.. les chairs. Cette variét.. fai.. le charme ... paysag..; en même temps elle satisf.. aux diver.. besoins ... peup.. : il n'y a poin.. ... terroir si ingra.. qui n'ai.. quelq.. propriét.. — Une touffe ... ros.. ornai.. son chap.. — Les gen.. ... plum.., les gen.. ... rob.., les gen.. ... ép.., differ.. ... mœurs comme ... usag.. — Un homme ... lettr.. devrai.. être au-dessus ... besoin. — Ces bouq.. ... jasm.. exhal.. une od.. suave. — Il s'adressa à une march.. ... herb.. — N. av.. donn.. à l'agn.. une poign.. ... herb.. — Donn..-moi une poign.. ... herb.. que v.

av.. cueill.. — Une moitié ... poisson a ét.. mang.. — Ils on.. mang.. une moitié ... poisson que n. av.. apport.. — Il e. marchan.. ... imag.. — Cet ouvrage e. plein de beaut.. e. ... défau.. — Ces sauvag.. n. on.. vend.. ... peau.. ... cast.. — Vitellius se fi.. prépar.. un pla.. ... lang.. ... tou.. sort.. ... ois.. — Ce son.. ... meubl.. ... femm.. que v. av.. trouv.. dans cette chambre. — Une compagnie ... sangl.. passai.. dans ce momen.. — ... l'eau-...-vie ... ceris.. a ét.. rép.. — Je dor.. mal sur les li.. ... plum.. — Une pension ... demoisell.. a ét.. établ.. en cette ville. — Indiq..-moi, je vous pri.., la pension ... demoisell.. qui on.. chant.. ce matin. — Les statu.. ... marbr.. q. n. av.. admir.., ont ét.. mutil.. — Cette fricass.. ... poul.. ét.. très-bon.. — ... peau.. ... chevr.., ... mouton e. ... chev.. m'on.. ét.. envoy.. — La peau ... chev.. que n. av.. tué, n. a bien serv.. — Lorsq.. sur la nature on règl.. ses besoin.., comb.. s'épargn..-t-on ... trav.. e. ... soin..! — Flandre, qui dans tes champs couv.. ... ombr.. funèbr.., voi.. croîtr.. les cyprès e. les lauriers célèbr.., à ... maîtr.. nouv.. soumise tan.. ... foi..; jusqu'à quand seras-tu le séjour ... alarm.., la victime ... arm.. e. le théâtre affr.. ... vengeanc.. ... rois? — ... chauv..-souri.. étai.. entr.. dans le salon. — Il fai.. ... courtes-pointes. — Appelez ce marchan.. ... courtes-pointes. — ... beau..-frèr.. e. ... bell..-sœur.. que je n'ai jamais conn.., son.. arriv.. aujourd'hui. — Le pays ... peti..-Tartares appart.. à la Russie. — ... plate-band.. on.. ét.. pratiq.. autour ... carreaux. — Ce vieill.. a un gr.. nomb.. ... peti..-fils e. de peti..-nev.. — N. av.. élev.. ... roug..-gorg.. — Elles on.. b.. une jatte ... petit-lait. — L'eau ... mer e. plus lour.. que celle ... riv.. — Cette sociét.. e. compos.. ... fran..-maçon.. Heureu.. si de son temps, pour ... bonn.. raison.., la Macédoine eût eu de peti..-maisons.

103. Le pr. doit être du même genre, du

même nomb. et de la même pers. que le nom. *Je connais cette personne ; je* LA *vois tous les jours.* — Mais lorsqu'un pr. représente un adj., un inf., une prop., il reste inv. au m. sing.

1. On doi.. se consol.. de ses faut.., quand on a la force de *les* avou.. — 2. Quiconque atten.. le superflu pour secourir les malh.., ne *leur* donnera jamais rien. — 3. La reine! vraim.. oui, je *la* suis en effet. — 4. Et..-v. enrhum.., Mme? Oui, je *le* suis. — 5. La nobl.. donn.. aux pères, parce qu'ils ét.. vertu.., a ét.. donn.. aux enf.. afin qu'ils *le* dev.. — 6. V. m'aim.., je *le* sai..; une égale tendr.. pour v. dep.. long-temps m'afflige e. m'intéress.. — 7. Moi, v. haïr! *le* puis-je? — 8. Ces d[lles] sont-elles sœurs? Oui, elles *le* sont. — 9. Et..-v. la mariée? Oui, je *la* suis.

1. D'av.. quoi? *Ses fautes. Les* repr. un subst. — 2. *Leur* repr. le sub. m. pl. *pauvres.* — 3. *La* repr. *reine.* — 4. Je suis *cela, enrhumée. Le*, inv., repr. un adj. — 5. *Le* repr. l'adj. vertueux. — 6. Je sais quoi? *Q. v. m'aimez. Le*, inv., repr. une prop. — 7. *Le*, inv., repr. l'inf. *haïr.* — 8. *Le*, inv., parce que *sœurs* sans art. est pris adj. — *La* repr. *la mariée*, subst.; car il désigne une pers., non une qualité.

Je veu.. être mère, parce q. je ... sui.., e. ce serait en vain q. je ne ... voudr.. pas être. — On dit q. l'abbé Plachette prêche les sermons d'autrui; moi qui sai.. qu'il ... achèt.., je soutien.. qu'ils son.. à lui. — L'avarice per.. tou.. en voul.. tou.. gagn.. Je ne veu.. pour ... témoign.., que celui don.. la poule, à ce que di.. la fable, pondai.. tou.. les jours un œuf d'or. Il ... tua, l'ouvr.., et ... trouv.. semblabl.. à cel.. don.. les nœufs ne .. lui rapportai.. rien, — Va, je ne te hai.. poin.. Tu ... doi.. Je ne pui.. — Les Romain.. se destinan.. à la guerre et ... regardan.. comme le seul ar.., av.. mi.. tou.. leur espr.. et tou.. leurs pensées à ... perfectionn.. — Et..-v. les march.. qu'on a fait venir de Flandre? Oui, nous ... somm.. — Quoiqu'à peine à mes mau.. je puisse résist.., j'aime mieu.. ... souffr.. que de ... mérit.. — MM., pourq.. êt..-v. tou.. rois? Pour moi, je vous avou.. que ni moi, ni Martin, n. ne ... somm.. — La 1re est plus noble q. la 2e, la 2e q. la 3e; Plus noble! quel abu.. des term..! veut-on signif.. plus notab..? E. pourq.. ne ... pas dire? — Il y a une ligne de démarcation trac.. entre le riche et le pauv..; les lien.. du san.., l'estime, l'amit.., ne peu.. ... faire disparaît.. — Que deviendr.. votre âme en ce momen.. suprême? Humains, faibl.. humain.., v. ne ... sav.. pas. — Vous qui, peu favoris.. de la fortune, frapp.. à la porte du riche, en lui demand.. des secours, même en v. proposan.. de ... bien pay.., que v. ... achet.. cher! Quoiqu'il augment.. son trésor de vos trist.. dépouill.., il parai.. v. abandonn.. ce qu'il v. conf.., et il a l'ar.. de v. ... persuad.. — Etes-v. Rosalie? Oui, je ... sui.. — Voy.. si v. rompr.. ces dar.. liés ensemb..; je v. expliquerai le nœud qui ... assemb.. L'aîné ... ayan.. pri.. et fai.. tou.. ses effor.. ... rendi.. en disan..: je ... donn.. aux plus for.. — Nos malh.. son.. plus gran.. que v. ne ... suppos.. — Je sui.. maître de moi comme de l'univer..; je ... sui.., je veu.. l'être. — N. ne somm.. pas rois, et n. ne voul.. pas ... deven.. — Ell.. ne son.. pas aussi instrui.. qu'elle ... paraiss.. — On peu.. donn.. du lustre à leurs inventions: on ... peu.., je ... essai.., un plus savan.. ... fasse.

104. Le inv.., joint au v. *être*, exprimé ou sous-ent., ne peut représenter qu'un adj. ou un part. joint au v. *être*. — Il ne peut re-

présenter le part. d'un v. réfl., parce que dans les v. réfl., le v. *être* est mis pour le v. *avoir*.

J'aime donc sa victoire, e. je le pui.. sans crainte. — Quand on e. généralem.. haï.. e. mépris.., on sai.. touj.. pourq.. on l'e. — Je veu.. bien l'avou..; de ce coup.. perfid.., j'av.. presque oubl.. l'attentat parricid.. — Seign.., le croir..-v., qu'un dess.. si coupab..? Mon fils, je sai.. de quoi votre frère e. capab.. — Ah! je sai.. trop le sort que v. lui réserv.. Pourq.. le demand.., puisque v. le sav..? Pourq.. je le demand..? O ciel! le pui..-je croire, qu'on os.. des fur.. avou.. la plus noire? — Je v. le di.., seign.., pour ne pl. v. le dir.., ma gloire me rappel.. et m'entraîne à l'autel où je vai.. v. jur.. un silence étern.. — Je fui.., ainsi le veu.. la fortune ennem.. — On di.. que peu sensib.. aux charm.. d'Hermione, mon rival porte all.. son cœur et sa couronne; Ménélas, sans le croi.., en paraî.. afflig.., e. se plain.. d'un hymen si long-temps néglig.. (*Corrigez ce qui suit.*) On v. estime autan.. que v. mérit.. de l'être. — Cette nouv. m'a surpr.. autan.. vous l'êt.. — Les divinit.. qu'adorai.. les Egypt.. le fur.. aussi par les Romains. — V. av.. critiq.. un ouvrage beauc.. trop faib.. pour mérit.. de l'êt.. — Qui ne sai.. poin.. aim.. n'est point digne de l'être. — On ne tromp.. pas long-temps les homm.. sur leurs intér..; e. ils ne haïss.. rien tan.. que de l'être. — On v. abus..; je ne le serai.. pas aussi facilemen.. — V. v. êt.. fâch..; moi ne le sui.. pas.

105. Le pr. LE, inv., rend nécessairement inv. le part. passé dont il est le C. D. — Cependant s'il est joint au v. *être*, le part. ne s'accorde pas moins avec son suj.

EXEMPLES. — Elle s'est moq.. de vous; je *l'*ai bien

vu, et je *le* vois encore. — MM., je ne puis v. serv.. comme je *l'*aur.. désir.. — Cette nation n'e. pas aussi puiss.. que je *l'*ai cru, que je *le* croyais. — L'étude des lang.. e. plus amus.. que je ne *l'*aur.. pens.., que je ne *le* pensai.. — Ces aff.. sont-elles aussi lucrativ.. qu'elles vous *l'*ont paru? — Ils n'ét.. pas savan.., ils *le* sont devenus.

Mais quand on peut subst. au pr. LE un subst. joint à l'adj., et qu'on peut changer LE en LES en mettant la phrase au pl., il n'est pas inv., et il s'acc., ainsi que le part., avec ce subst.

1. Cette dame e.-elle toujours aussi belle q. n. l'av.. trouvée? — 2. J'ai connu cette femme; je *l'*ai supposée, je *la* supposais pl. raisonnable. — 3. Je n'achetai pas cette maison, quelq.. bel., q. je *l'*eusse trouvée, q. je *la* trouvasse.

1. N av.. trouvé *la dame belle*. *L'* représente un nom C. D. — 2. J'ai supposé cette femme plus raisonnable. — 3. J'eusse trouvé *la maison belle*.

Mettez ces ex. au pl.

J'ai admir.. ces superb.. monum..: je ... ai jug.. dign.. de l'architecte qui ... a élev.. — Cette somme est perd.., cependant je ... av.. cru.. bien plac.. — Louis VII répud.. Eléonore de Guyenne, ... ayan.. soupçonn.. infidèle. — Les choses n'on.. pas réuss.. comme n. ... av.. espér.. — Buffon semble av.. vu la terre sous ses pieds, et ... avoir trouv.. trop petite pour l'étend.. de son génie. — Cette arm.. ne par.. pas d'abord aussi nombreuse, aussi formidab.. qu'on ... av.. annonc.. — Triomph.., homm.. lâches et cruels, votre victoire est plus grande q. v. ne ... av.. cr.. — Mes deux chien.., en jouan.., se son.. précipit.. du hau.. d'un roch..; je ... ai cr.. bris.., écras.., je ... ai trouv.. légèrem.. bless..; ils se son.. fai.. beaucoup moins de mal q. je ne ... av.. cr.. — Cette femme est plus riche q. je ... av.. pens.. —

Les lang.. anc.. son.. moins diffi.. à étud.. q. je ne me ... ét.. figur.. — Ces liv.., quelq.. bons q. je ... ai trouv.., ne contienn.. pas ce q. je cherche. — La perte e. pl. considér.. q. je ne ... av.. suppos.. — *Changez le nombre.*

106. Les v. neut. *aller*, *arriver*, *choir*, *échoir*, *décéder*, *éclore*, *mourir*, *naître*, *résulter*, *tomber*, *venir*, *devenir*, *revenir*, *contrevenir*, *parvenir*, *survenir*, *advenir* se conj. touj. avec *être*.

Si v. ... all.. en classe ce matin, MM., v. saur.. quels devoirs on a. — La voiture n'... pas encore arriv.. — Il ... chu en pauvreté. — Cette part v. ... éch.. — Tu n'... pas parv.. à ton but. — Elle ... dev.. foll.. — Ma tante ... déjà décéd.., quand sa fille ... venue. — Quand mes vers-à-soie ... écl.., v. me donnerez des feuilles de mûrier. — Ceux qui ... mor.. ... mor.. — Sésostris eu.. pour compagn.. tous ceux qui ... nés le même jour. — Qu'...-il résult.. de vos effor.. ?

107. Certains v. neut. se conj. tantôt avec *avoir* tantôt avec *être*, selon leur sign. — *Convenir*, être convenable, prend *avoir*; tomber d'accord, prend *être*. — *Demeurer*, faire sa demeure, *av.*; rester dans un certain état, *être*. — *Expirer*, mourir, *av.*; être écoulé, *être*. — *Passer*, être reçu, *av.*; n'être plus usité, être flétri, *être*. — *Sonner*, retentir, faire rententir, *av.*; être indiqué par le son, *être*. — *Courir*, aller vite, *av.*; être recherché, *être*. — *Répartir*, répondre, *av.*; partir de nouveau, *être*. — *Echapper*, avoir été oublié, n'av. pas été remarqué, *av.*; avoir été dit ou fait par inadvertance, *être*.

J'aur.. ach.. ces liv.., s'ils m'... conv.. — N. ... conv.. de part.. à 4 h. du matin. — Comb.. de temps ...-v. dem.. à Paris? N. y ... dem.. 15 j. — Elle ... dem.. tou.. surp.. de me voir. — Il ... dem.. 2,000 homm.. sur le champ de bat.. — Les 15 j. de délai ... expir.. — Elle ... exp.. entre mes bras. — La loi ... pass.. à une grande majorité. — Cette express.. ... pass.. — Ce joli papier ... déjà pass.. — La mode en ... pass.. — Du nord au midi la trompette guerrière ... sonn.. l'heure des comba.. — Si 8 h. ... sonn.., je ne ser.. pas ici. — Je voi.. q. tu ... cour.. sans t'arrêt.. — Cette maîtresse de musique ... fort cour.. — Les dern.. vers v. ... échapp.., v. ne v. en souv.. plus. — Il me semblai.. q. des gestes menaçan.. v. ... échapp.. — Tou.. les cloch.. ... sonn.. à la fois. — Si elle av.. appr.. cette nouv.., elle ... exp.. de doul.. — Comme ces fl.. ... pass.. ! — On n. a interrog.., n. ... dem.. cour.. — Je doute q. la trève ... exp.. — N. ne somm.. plus maîtr.. du mot qui n. ... échapp.. — Autref.. cette étoffe ... très-cour.. — Si tu m'... repart.. ainsi, tu t'en ser.. repent.. — Ils ... repart.. à 8 h. — V... repart.. par une impertin.. — La voiture ... repart.. quand v. ser.. arriv..

108. Enfin plus. v. neut. se conj. avec *avoir* quand ils désignent l'*action*, le *passage* d'un état à un autre, ou quand on les prend comme actifs en leur donnant un C. D.; ils se conj. avec *être* quand on désigne simplement *l'état* dans lequel se trouve le suj. — Dans le 1er cas, on peut dire *le suj. a fait l'action de*, et dans le 2e *il se trouve étant*. — Un nom ou un adv. de temps, de lieu, de manière, etc., accompagne le v. qui indique l'action.

quelq.. côté q. je tourne la vue, la foi de

tou.. les cœurs ... pour moi dispar.. — Mèdes, Assyriens, v. ... disp.. — Pend.. q. n. errions dans la camp.., le soleil ... disp.. — Je ne fai.. q. me retourn.., ma montre ... disp.. — En voul.. évit.. les roch.., n. ... échou.. contre ce banc de sable. — Comb.. d'homm.. ... échou.. dans leurs dess.. par trop de circonsp.. ! — N. all.. dégag.. cette barque qui ... éch.. sur le riv.. — Il me semblai.. que le vaisseau ... éch.. — Les orag.. ... cess.. de grond.. sur ces heur.. riv.. — La pluie ... cess.. pour quelq.. instan.. — Le malade e. en convalesc.. ; la fièvre ... cess.. — Quand la peste ... cess.., on rentra dans les villes. — Après un comb.. sangl.., la vict.. n. ... demeur.. — N. ... cess.. nos trav.. — Elle ... grand.., elle ... embell.. pend.. ce court interv.. — Je voi.. q. votre fille ... bien grand.., mais qu'elle n'... pas emb.. — Vos soins ... emb.. ces lieux. — Cette nouv.. ... rajeu.. mon oncle de 10 ans. — En vérit.., ma tante, v. ... raj.. — Comme elle ... vieill.. en 6 mois! — Je croi.. q. n. ... bien vieill.. — Cet événem.. ... chang.. mes résolut.. — Les id.. ... maintenant bien chang.. — Les choses ... chang.. de face. — Cette vision effrayante m'... appar.. 3 fois pend.. la nuit. — Elle prét.. qu'un spectre lui ... appar.. — Le lièvre ... part.. à 4 pas des chiens. — Brifaut, qui n'a jam.. ment.., di.. q. le lièvre ... repart.. — Voltaire a di.. : où ser..-je, grand Dieu, si ma crédulit.. EUT tomb.. dans le piége à mes pas présent..! — madame ... sort.. pour la 1re fois ce matin. — N. ... sort.. pl.. de 20 fois sans v. en demand.. la permiss.. — Tou.. le monde ... sort.. ; je ne trouv.. personne. — N. ... sort.. tou.. les meub.. — Cette petite fille ... mont.. e. dessend.. pl.. de 100 f. — M., ...-v. descend.. à 8 h. 1/2? — Les enfan.. ... mont.. ; je les ai envoy.. se couch.. — V. ... mont.. la commode, si v. ... voul.. — Leur cours ne change point e. v. ... chang.. — Je suis satisf..; n. ... enfin abord.. sur ces côtes. — N. ... abord.. sur ce rivage, si le ven.. l'av.. perm.. — Elle n. ... abord.. avec froideur. — Nos sold.. ... pér.. de faim e. de soif. — Où sont nos compagn..? Ils ... tou.. pér.. — V. ... facilem.. échapp.. au dang.. si v. n. av.. suiv.. — Maintenant qu'ils ... échapp.. ils se moq.. de n. — Il l'... échapp.. belle ! — Les 4 régim.. ... pass.. sous nos fenêt.. — Je ne sai.. par où elle ... pass.. — Nos beaux j. ... pass.. — N. reviendr.. quand les fêtes ... pass.. — Depuis cet accid.., la malade ... déch.. de j. en j. — On sav.. q. ma fortune ..., déch.. peu à peu. — Ces princes ... bien déch.. de leur autorit.. — Ma santé ... bien déch..

109. Il y a des v. que l'on nomme ESSENTIELLEMENT RÉFL., parce qu'on ne peut les conj. que comme réfl.; et d'autres qui changent de sign. en devenant réfl. Ainsi on dit *je me suis souvenu*, et l'on ne peut dire *j'ai souvenu quelqu'un.* — *Je m'étais attendu à cela* ne sign. point *j'avais attendu moi.* Les part. de ces v. sont touj. précédés d'un C. D., avec lequel ils s'acc. — Excepté *s'arroger*, qui a pour C. D. le nom de la chose.

1. Elle s'e. empress.. de n. serv.. — 2. Elle s'e. efforc.. de n. content.. — 3. Elle se ser.. pass.. de tout pour n. — 4. N. n. somm.. souv.. de notre promesse. — 5. Mlles, v. v. êt.. dout.. de notre arriv.. — 6. Jam.. ils ne se son.. préval.. de la supér.. de leurs talents. — 7. Mes amis ne s'ét.. pas attend.. à un tel changement. — 8. Ces dames ne se ser.. pas souc.. de n. parl.. — 9. Si tant de mères se sont tu.. — 10. Elles ne se sont pas fai.. à cette nourrit.. — 11. N. n. ser.. absten.. de liq.. — 12. ils se son.. enf.. comme des lâches. — V. v. êt.. arrog.. des droi.. chimériq.. — On te conteste la supér.. q. tu t'e.. arrog.. — Elle s'ét.. arrog.. le droi.. de n. tourment..

1. Elle A MIS SOI *en empressement* de n. serv.. — 2. *En effort* pour n. cont.. — 3. *En privation* de tout pour n. — 4. N. AV.. TROUV.. N. *en souvenir* de, etc. — 5. *En soupçon* de notre arrivée. — 6. Ils n'ONT MIS EUX *en pl. grande valeur*. — 7. EUX *en attente*. — 8. MIS ELLES *en souci de*. — TENU ELLES *en silence*. — 10. HABITUÉ ELLES à cette nourrit.. — 11. MIS NOUS *en abstinence* de liq.. — 12. Il ONT MIS EUX *en fuite*.

Ces ex. font voir qu'en substit. au v. réfl. l'un des deux v. *se trouver*, *se mettre* joint au nom de l'action, on explique d'une manière raisonnable la nature du C. D.

110. *Se plaire*, *se déplaire*, *se complaire*, *se rire*, *se succéder*, sign. *plaire*, *déplaire*, *complaire à soi-même en telle situation*, *ou l'un à l'autre ; rire en soi de ; succéder l'un à l'autre*. Ces v. n'ayant point de C. D. ont le part. pass. inv.

N. n. somm.. dépl.. dans ce lieu. — Insect.. invisibles, q. la main de Dieu s'e. pl.. à faire naître dans l'abîme de l'infiniment petit. — Ces pers.. se son.. dépl.. dès qu'el.. se son.. v.. — Ils se son.. r.. de mes menaces. — N. n. sommes r.. de vos vains proj.. — Ils se sont compl.. dans leur sottise. — Elle se serai.. compl.. dans son ouvrage. — Les infort.. se son.. succéd.. — Que d'aventur.. bizar.. se son.. succéd..!

111. Quand plus. v. sont liés entr'eux, chaque part. n'en suit pas moins la règle qui lui est propre. — Ainsi le part. passé joint au v. *être* expr. ou sous-ent., et celui des v. pronom., s'acc. avec son suj. — Celui qui

ne peut se conj. avec *avoir*, et celui des v. imp., restent inv. — Enfin celui des v. act. et des v. réfl. ne s'acc. qu'avec le C. D. quand il en est précédé. — Si le part. du 1er v. a pour C. D. un inf., ou *quelqu'un* sous-ent., ou une prop., il reste au m. s.; mais il s'acc. en genre et en nombre avec le nom ou pr. qu'on peut placer entre lui et le v. suivant.

1. Partout les rayons perçan.. de la vérit.. von.. veng.. la vérit.. qu'ils ont néglig.. de suiv.. — 2. N. lui av.. off.. des secours qu'il a refus.. d'accept.. — 3. Voilà des liv.. q. j'aur.. désir.. achet.. — 4. Les aff.. q. v. av.. voul.. entrepr.. n'on.. pas réuss.. — 5. Voilà donc tou.. les eff.. q. v. av.. p. faire ? — 6. On a rapport.. à ma sœur des bag.. qu'elle ét. bien fach.. d'av.. perd.. — 7. Les reproch.. q. tu as suppos.. q. n. t'av.. fai.. ne s'adress.. pas à toi. — 8. N. n. somm.. replong.. dans les maux q. n. n. ét.. efforc.. d'évit.. — 9. Voici des détails q. j'ai pens.. q. v. ne trouv.. pas aill.. — 10. N. quitt.. cette demeure q. n. n. ét.. pl.. à embell.. — 11. Les fau.. qu'elle n'av.. pas prév.. qu'on aperc.., on.. ét.. remarq.. — 12. Voici les pers.. q. v. av.. avert.. de venir. — 13. J'ai emport.. ces anim.., q. vos camarad.. n'aur.. pas manq.. de tourm.. — 14. Pourq.., ma fille, amèn.-tu des pers.. q. je t'av.. avert.. q. je ne recev.. pas ? — 15. Les sold.. q. j'ai ent.. parl.. sont près d'ici. — 16. Ta sœur e. ici; je l'ai ent.. rire. — 17. Ils sont part..; je les ai v.. pass.. — 18. J'ai écras.. une mouche q. j'ai sent. me piq.. — 19. Oui, Mme, les lettr.. q. je v. ai v. écr.. son.. rempl.. de faut.. q. v. aur.. p.. corrig.. si v. l'av.. voul.. — 20. Les pauvr.. enf..! on les aur. laiss.. mour.. de faim, s'ils n'av.. reç.. les sec.. q. n. n. som.. empr.. de leur port.. — 21.

Les a-t-on v.. souv.. se cherch.., se parl..? — 22. Vos sœurs se son.. cach.. ici ; je les ai entend.. march.. — 23. Les enf.. ont beauc.. étud.. hier ; je les ai laiss.. jou.. aujourd.. — 24. Ils ne n. ont pas v.. l'un e. l'autre élev.. — 25. La pers. q. j'ai ent.. blâm.. s'e. mal comport.. — 26. Les disc.. q. j'ai ent.. prononc.. sur les avantag.. de l'adversit.. m'ont paru, etc. — 27. Ils ét.. puni.. pour les maux qu'ils av.. laiss.. faire par leur autorit.. — 28. Cette fille s'e. laiss.. tromp.. — 29. Elle s'e. sent.. saisir le bras. — 30. Où sont les bouteil.. q. j'ai v.. apport..? — 31. Cette dame parai.. s'ét.. laiss.. persuad.. — 32. On puni.. sévèrem.. tou.. ceux qui s'ét.. laiss.. entraîn.. dans la révolte. — 33. La besogne q. tu n. as donn.. à termin.. ne n. aur.. pas effr.. — 34. Les liv.. q. j'ai eu.. à lire ét.. instruct.. — 35. Ne v. écart.. point, Mlles, de la méthode q. n. v. av.. donn.. à suiv.. — 36. Je ne conç.. rien aux phrases q. mon maître m'a laiss.. à corrig.. — 37. L'ois.. a jet.. la graine q. n. lui av.. donn.. à mang.. — 38. Voilà les ennem.. q. cette femme a eu.. à combat.. — 39. Q. de chos.. j'aur.. eu.. à v. di.. ! — 40. Ils on.. di.. tou.. les foli.. qu'ils on.. voul.. — 41. Les chefs n'on.. pas montr.. la fermeté qu'ils aur.. d.. — 42. N. av.. fai.. tou.. les eff.. q. n. av.. p.. — 43. Ramass.. les liv.. q. v. av.. fai.. tomb.. — 44. Elle s'e. présent.. à la porte ; je l'ai f. pass.. — 45. Leur famille les a f. interd.. — 46. Je leur ai f. traver.. la riv.. — 47. Elle répète les vers qu'on lui a f. appr.. — 48. Les d^{lles} q. j'ai f. peind.., montr.. de bel.. disposit.. — 49. Les d^{lles} q. j'ai f. pein.., s'ennuy.. beauc.. pendant qu'on fais.. leur portr.. — 50. Les d^{lles} auxq.. j'ai f. pein.. des fl.. ont parf.. réuss.. — 51. Tel.. sont les réflex.. q. j'ai cr.. util.. de v. soum.. — 52. Voici des réfl.. q. j'ai cr.. ut.. — 53. Voilà des fr.. q. je n'aur.. pas trouv.. bon.. à cueil.. — 54. J'aur.. f. tou.. les démarch.. q. j'aur.. supp.. nécess.. — 55. Voilà une tâche q.

j'ai trouv.. tr.. diff.. à termin.. — 56. Les pom.. d'api q. v. m'av.. envoy.., je les ai reç.. gât.. — 57. V. av. conserv.. les liv. qui v. ont semb.. prop.. à instr.. — 58. L'hom.. a rapproch.. les anim.. qu'il a jug.. ut.. de propag.. — 59. N. n. som.. serv.. des liv.. q. v. n. av.. laiss.. prend.. — 60. Mme, où sont les fl.. q. je v. ai v.. pein..? — 61. conn..-v. les romances q. v. av.. ent.. chant..? — 62. On a défrich.. tou.. les lieux qu'on a trouv.. suscept.. d'êt.. cult.. — 63. Les gou.. d'eau q. j'ai sent.. tomb.. sont tr.. froi.. — 64. Qui répar.. les maux q. v. av.. laiss.. faire? — 65. All.., dis-je, e. sach.. quel lieu les a v.. naître. — 66. Quelle e. donc cette prop.., M., q. je v. ai ent.. discut.. avec tant de chal..? — 67. Cette fem.. s'e. laiss.. all.. à sa pass.. — 68. Pourq.. se ser..-elle laiss.. gouv..? — 69. N. renonç.. aux prétent.. q. n. n. ét.. prop.. de faire val.. — 70. Ce n'e. point là la marche q. n. n. ét.. persuad.. q. v. suiv.. — 71. Télémaque pren.. ses arm.., don précieux de la sage Minerve, qui les av.. f. faire par Vulcain. — 72. Je les ai laiss.. cour.. les spec.. — 73. La plante mi.. en libert.. garde l'inclinaison qu'on l'a forc.. à pren.. — 74. Ne fai.. rien qui ne soit digne des maxim.. de vertu q. j'ai tâch.. de v. insp.. — 75. N'e..-il pas louab.. d'av.. cherch.. les pl.. noir.. coul.. qu'il a p..? — 76. Nos ennem.. comptai.. sur une vict.. cert..; ils se la sont v.. arrach.. — 77. M., v. n. repr.. jam.. la supérior.. q. v. v. êt.. laiss.. enlev.. — 78. Pourq.. ref..-v. les sec.. qu'elle s'e. empr.. de v. offr..? — 79. V. lui reproch.. une conduite q. n. ne n. som.. jam.. aperç.. qu'elle ai ten.. — 80. Elle n. a f. des offr.. dont elle a bien v.. q. n. n. som.. peu souc.. — 81. L'entr.. q. v. v. êt.. mi.. en tête aur.. réuss.. — 82. L'entrepr.. qu'ils se sont mi.. en tête d'exéc.. m'a par.. imposs.. — 83. Pourq.. s'e.-elle mi.. à ri.. dès qu'elle n. a aperç.. venir? — 84. Le fils d'Ulysse senti.. la faute qu'il av.. f. d'attaq.. ainsi le fr.. d'un des rois ses alliés. — 85. Voici la route q. n. n. som.. décid.. à suiv.. — 86. Où e. ta sœur ? Je l'ai trouv.. bien afflig.. — 87. Cette dame q. j'av.. cr.. afflig.. en lui fais.. ce triste récit ; je l'ai v.. ri.. — 88. Elle ri.., et moi je l'av.. cr.. affl.. — 89. Les arb.. sont abat.. ; je les ai v.. déracin.. — 90. Les pers.. q. j'ai v.. accab.. de doul.. sont déjà consol.. — Les fem.. q. v. av.. v.. accab.. d'outrag.. cette pauv.. fille, m'ont indign..

1. Négligé quoi ? *De suivre*, part. inv. ; inf. C. D. — 2, 3, 4, 5, MÊME RÈGLE, 6. Chaque part. sa R. — 7. Supp. quoi ? *Q. n. t'av. fait*, inv. ; prop. C. D. — 9. M. R. — 10. *Plu*, part. inv. par lui-même. — 11. R. n° 7. — 12. V. av. avert. *ces personnes* de venir. Le 1er part. s'acc. avec le nom qu'on peut placer entre les deux v. — 13. R. n° 1. — 14, 15, 16, 17, 18. 19. R. n° 12. — 24. Ils n'ont pas vu *quelqu'un* élever. n,, part. inv., parce qu'il a pour C. D. quelqu'un sous-ent. — Jusqu'au n° 32, M. R. — Jusqu'au n° 39, R. n° 12. — 40. Voulu quoi? *Dire*, part. inv., parce qu'il a pour C. D. un inf. sous-ent. — 41, 42. M. R. — 43. Le part. *fait* devant un inf. est inv. — Jusqu'au n° 50, M. R. — 51. J'ai cru *chose utile* de v. soumettre mes réflexions, part. inv., parce qu'il a pour C. D. un inf. et un adj. — 52. J'ai cru *les réflexions* utiles. Le part. et l'adj. s'accordent avec le nom qu'on peut placer entr'eux. M. R. — Jusqu'au n° 58, R. 51 et 52. — Jusqu'au n° 86, R. précéd. — 87. Distinguez si le mot qui suit le part. est un inf. ou un part. ; si l'on veut dire qu'on a cru *faire l'action* d'affliger la dame, ou si on a cru la dame *étant affligée*.

CONJONCTIONS.

112. La CONJONCTION réunit plusieurs prop., ou lie une prop. à une autre. Les conj. qui réunissent les prop. sont ET, NI, OU. — Au lieu de : *Dieu v. voit, Dieu v. juge*, on dira : *Dieu v. voit* ET *v. juge*. Cette réunion de plus. prop. forme la PROP. COMPOSÉE. — La conj. ET, expr. ou sous-ent. entre plus. suj. et la conj. NI, lorsque l'action d'un suj. n'exclut pas celle de l'autre, veulent le v. et l'adj. au pl. — La conj. OU, expr. ou sous-ent., et la conj. NI, lorsque l'action d'un suj. exclut celle de l'autre, veulent le v. et l'adj. au sing.; alors l'adj. s'acc. avec le dern. subst. — OU, PLUTOT, OU MÊME, sont sous-ent., s'il y a gradation, synonymie quant à l'action des suj. — Les suj. de diff. pers. unis par une des conj. ET, NI, OU, veulent le v. à la 1re pers. pl., s'il y a un suj. de 1re pers.; et à la 2e pl., si un suj. est de la 2e, et les autres de la 3e. — Pl. de 2 suj. unis par la conj. OU, veulent le v. au pl. — C'EST, suivi de plus. suj. sing. reste au sing. — Plus. suj. représentés par un des collectifs *tout*, *chacun*, *rien*, etc., veulent le v. au sing.

La mouche e. la fourmi contestai.. de leur prix. — L'amour, l'ambit.., l'avar.., la haine, tien.. comme un forçat notre espr.. à la chaîne. — Patience e. succès march.. touj.. ensemb.. — L'or e. l'arg.. *s'épuis..;* mais la vertu, la constan.. e. la pauvret.. ne ... jam.. — Le chat et le renard, comme beaux peti.. sain.. s'en all.. en pélerinage. — Une chèv.., un mout.. avec un cochon gras, mont.. sur même char, s'en all.. à la foire. — La vict.. e. la nuit, pl.. cruel.. q. n., n. excitai.. au meutre, e. confondai.. nos cou.. — Autref.. la just.. e. la vérité nu.., chez les prem.. humains fu.. long-temps conn.. — Le luxe, l'org.. e. la mollesse fu.. port.. au dern.. point sous les emper.. — Je n'ai pl.. trouv.. qu'un horr.. mélange d'os e. de chair meurtr.. e. traîn.. dans la fange. — Dans l'inst.. une vict.. glor.. ou une prompte mor.. v. e. accord.. — Il lui représentai.. l'embarr.. où le mettai.. une fam.. nombr.., un procès, une méch.. aff.. — Ni la poésie ni la peint.. ne floriss.. chez ce peup.. — Ni mon grenier ni mon arm.. ne se rempl.. à babill.. — Ni l'or ni la grand.. ne n. ren.. heur.. — Ou votre néglig.. ou votre faibl.. v. perdr.. — Ou ton san.. ou le mien laver.. cette inj.. — Une heure, un momen.. peu.. fix.. votre sort. — Un regar.., un soupir, un geste v. trahi.. — Cette cruaut.., cette barb.. (être) affr.. — Ni Ariste, ni Cléante, ne ser.. nomm.. ministre des finances. — Ni votre fr.. ni votre cousin n'... ach.. ce chap.. — Ni Léon, ni Jules n'... remport.. le prem.. prix. — Ni Emilie, ni Julie n'épouser.. le colonel. — Ni Hortense, ni Louise n'(être) la mère de Gustave. — V. e. moi av.. ét.. tromp..; ni v. ni moi n'ét.. cap.. de résist.. — Ni v. ni vos paren.. ne ser.. satisf.. — Le roi, l'âne ou moi, n. mourr.. — Lui, elle e. moi, ét.. expos.. aux mêm.. infort.. — Ou votre fr.., ou votre sœur ou v., cherch.. à m'éloign.. — *C'(être)* le roi e. la reine qui pass..!— ... la musiq.. e. la peint.. q. je préférai.. — Demain ... mon fr.. e. moi qu'on recevr.. — V. attend.. ces dam..; ce n'... ni l'une ni l'autre qui viendr.. — Une fatale révolut.., une rapidit.. q. rien n'arrête, entraî.. tou.. dans les abîm.. de l'éternit..; les siec.., les générat.., les empir.., tou.. v.. se perd.. dans ce gouf.. — Facteurs, associés, chacun lui fu. fidèle. — Hon.., fortune, réputat.., tou.. fu.. comprom.. — Le temps, les biens, la vie, rien ne n. appart.., tou.. (être) à la patrie. — Sa beauté, son enjouem.., sa nob.. fierté s'enfuyai.. loin de lui. — Ou l'inq.., ou la fatig.., ou la mauv.. nourr.. av.. altér.. ma santé. — Ou la honte, ou l'occas.., ou l'exemple, n. entraînai.. — Il c. dou.. de secour.. l'innoc.. e. la vertu q. l'on a injust.. opprim.. — Sa gloire, son amour, mon père, mon devoir, lui donn.. sur mon âme un trop juste pouv.. — Ni v. ni moi n'ét.. disp.. à f.. un tel sacrif.. — Le noir venin, le fiel de leurs écri.., n'excit.. en moi q. le pl.. froid mépris.

113. On ne peut donner le même C. à plusieurs v., à plusieurs adj., à plusieurs prép., que quand ils n'en exigent pas de différents. On peut dire : *il est connu et estimé de tout le monde*, parce qu'on dit *connu de et estimé de*.

Je désir.. e. crain.. sa présence. — Ces seign.. m'on.. par.. être fiers et jalou.. de leur autorit.. — Il ne donnai.. ni ne demandai.. rien à personne. — Je ne sai.. si n. partir.. avant ou après la messe. — Les médisan.. son.. haï.. e. mépris.. de tou.. le monde. — N. ne somm.. ni entr.. ni sort.. par cette porte. — Connaiss..-v. les règlem.. auxq.. v. dev.. ob.. e. v. conform.. — Mlle, je ne v. ai ni v.. ni entend.. — La fortune n. a tour à tour prodig.. e. retir.. ses fav.. — Elle ne se serai.. ni empois.. ni poignard.. — *Expliquez ces ex., et corrigez les suivants.*

All..-v. ou ven..-v. de Paris ? — Je ne nui.. ni ne favorise vos proj.. — Votre frère e. seul propre e. digne de rempl.. cet emploi. — N. ét.. dispos.. e. même sur le point de part.. — N. ne somm.. ni entr.. ni sort.. du jardin. — Voilà la pers. q. j'ai v.. e. parl.. aujourd'hui.

114. QUE est la conj. qui lie deux prop., de sorte que la première affirme quelque chose de la 2ᵉ. — La 1ʳᵉ se nomme PRINCIPALE, et la 2ᵉ SUBORDONNÉE. — Ainsi la sub. est le C. D. de la princip.

Je v. di.. q. la guerre e. déclar.. — V. oubl.. q. v. mourr.. un jour.. — Tou.. n. annonce q. v. n. quitt.. — Je veu.. qu'on m'ob.. — On doute q. v. part.. aujourd'hui. *Dist. les princip. et les sub.*

115. QUE, pr. rel., sign. LEQUEL, LA QUELLE, etc., et se rapp. touj. à un nom ou à un pr.; QUE, conj., sign. CECI, CELA, LE, et dépend d'un v.

Des dieux q. n. serv.. connai.. la différence. — J'ai cru.. q. cette nuit all.. veng.. mon père. — Ma charit.. s'éten.. sur tou.. ceux q. je voi.. — Il fau.. q. tou.. cède à la nécess.. — Des biens q. lui ravi.. la fortune cruelle. — J'att.. en ces déser.. qu'on vienne me cherch.. — Il suff.. qu'un inst.. elle ai.. touch.. mes mains. — N. n'aim.. pas touj.. ceux q. n. admir.. — Le roi, qu'on croyai.. mor.., va paraît.. à vos yeux. — Où sont-ils, ces comba.. q. v. av.. rend.. ? — Je voi.. qu'on me trahi.. — Il paraî.. q. tu n. oubl.. — *Dist. les conj. des pr. rel.*

116. La sub. est C. I. quand la conj. QUE est précédée d'une prép. expr. ou sous-entendue.

Songez qu'on veu.. v. perd.. — N. somm.. inform.. q. votre départ e. retard.. — Le gouvern.. consen.. q. v. lui parl.. — Je ne sui.. pas fâch.. q. v. soy.. ici. — Les troupes se plaign.. qu'on ne les pai.. pas. — *Ici le* QUE *sign.* A CECI, *ou* DE CECI.

117. La conj. QUE, jointe aux prép., aux adv., aux adj. pris adverbialement, etc., forme

diverses conj. composées. — Les sub. formées par ces conj., sont souv. placées devant la princip.

Les vertus devr.. être sœurs, ainsi que les vices sont fr..; dès q. l'un de ceux-ci s'empar.. de nos cœurs, tous vienn.. à la file. — Après qu'il eu.. brout.., trott.., fai.. tou.. ses tours, Jeannot lapin retourne aux souterr.. séj.. — Lorsqu'on e. en colère, il ne faut ni parl.. ni agir. — Le culte q. l'on ren.. aux sain.. ne peut être regard.. comme un culte profane et mondain, puisqu'il se rapporte à Dieu. — *Décomposez les conj., dist. les princip. et les sub.*

118. D'autres conj. qui paraissent simples, sont néanmoins composées dans leur signification. Quand sign. *au moment* que; si, *supposé* que; comme, *de même* que; car, *la raison est* que, etc.

Quand le mom.. viendra d'all.. trouv.. les mor.., j'aur.. véc.. sans soins, e. mourr.. sans remor.. — Si Dieu n'existai.. pas, il faudr.. l'invent.. — Il av.. aussi triple gueule, quand les lou.. livr.. des comba.. — Je ne viendr.. qu'à midi, comme on me l'a recommand.. — C'e., dit-il, un cadavre; ôton..-n.; car il sen.. — Q. feron..-n. s'il lui vien.. des enfan..? — *Analysez.*

119. Souvent la sub. est sans v.; alors on y sous-ent. le v. de la princip., le plus souvent au même temps et au même mode.

Ainsi que la vertu, le crime a ses degrés. — L'un e. vaillan.., mais prompt; l'autre e. pruden.., mais froi.. — Le bonh.. des méch.. comme un torr.. s'écoule. — Son chien dormai.. aussi, comme aussi sa houlette. — Autant qu'un patriarche il v. faudrait vieill.. — La guerre le vengea bien mieux qu'une satire. — *Analysez et indiquez les v. sous-ent.*

120. Quand le v. de la sub. est sous-ent., le v. de la princip. ne s'accorde qu'avec son propre suj.

Le juste, aussi bien q. le sage, du crime e. du malh.. sai.. tir.. avantage. — Le nourrisson du Pinde, ainsi que le guerr.., a tou.. l'or du Pérou préfér.. un beau laurier. — Dieu, ainsi q. les homm.., serai..-il le jouet des passions? — L'avarice, peut-être plus encore q. tou.. les autr.. pass.., s'empar.. de l'âme, et l'absorb.. tou.. entière. — Non-seulement ses alliés, mais encore toute sa famille l'av.. abandonn.. — Non-seulement les caresses, mais même le courrou.. d'une mère ne respir.. que l'amour.

121. On distingue le PARTICIPE PRÉS. INV., 1° quand on peut le remplacer par une sub. formée d'une des conj. *comme*, *puisque*, *si*, etc.; 2° quand il est précédé de EN, expr. ou sous-ent.; 3° quand il a un C. D.; 4° quand il expr. une action actuelle, accidentelle, comme circonstance de l'action principale.

Cette réflex.. embarrassan.. notre homme, on ne dor.. point, dit-il, quand on a tant d'espr.. — Les eau.. décroissan.. déjà, n. espér.. bientôt partir. — Mes paren.. vivan.. encore, je ne pui.. dispos.. de rien. — Cette petite fille rian.. e. remuan.. sans cesse, on ne pouv.. faire son portrait. — Elle e. part.. en rian.. comme une folle. — Plus.. homm.. célèbr.. mourur.. en rian.. — Un fleuve les arrêt.., et l'anguille en nagean.., comme l'hirondelle en volan.., le traversa bientôt. — Bientôt Paris n'a v.. q. des énergumènes, de sal.. Cicérons, de vilain.. Démosthènes, mettan.. l'assassinat au nombre des vertus, égorgean.. leurs paren,. pour faire les Brutus. — V. - même, condamnan.. vos injust.. dess.., tantôt à v. par.. v. invitiez nos mains; v.-même, rappelan.. votre force première, v. vouliez v. montr.. e. rev.. la lumière; v. la voy.., Mme. — L'ingrate, en fuyan.., me laiss.. pour salaire tou.. les noms odieu.. q. j'ai pri.. pour lui plaire. — Qui ne ser.. pas touch.. de la situation de Mérope, aiman.. son fils à ce point, n'ayan.. d'autre espoir ni d'autre bien au monde, e. tremblan.. de le perd.., ou de l'av.. déjà perd.. ? — Je les ai v.. mouran.. de la mort des brav.. — Il ent.. les serp.., il croi.. les voir rampan.. autour de lui. — Des bateaux de pêcheurs paraissan.. e. disparaissan.. tour à tour entre les lames, hasardai.., en s'échouan.. sur le rivage, d'y trouv.. leur salut. — En grondan.. sans cesse cette jeune fille, v. la décourag..; je la voi. touj.. lisan.., étudian.. — L'assiette volan.. s'en va frapp.. le mur, e. revien.. en roulan.. — La mer mugissan.. ressemblai.. à une pers.. qui ét.. trop irrit.. — On voi.. la sueur ruisselan.. sur son visage. — N. entendîm.. la bombe éclatan.. avec un horrib.. fracas.

122. Le mot terminé en ANT est adj., et s'acc. avec le subst. lorsque l'on veut expr. une qualité, un état ou une disposition durable du subst., de sorte qu'on puisse le remplacer par un adj. — Quand il est sans C., il est presque touj. adj.

L'étalon généreu.. a le por.. plein d'audace; sur ses jarrets plian.. se balance avec grâce. — E. quels regr.. touchan.. vienn.. aigr.. ses peines! — Le brui.. des cors, celui des voi.., n'a donn.. nul relâche à la fuyan.. proie. — La bique allan.. rempl.. sa traînan.. mamelle e. paître l'herbe nouv.., ferma sa porte au loquet. — **Enten.. ma voi.. gémissan.., habitan.. de ce vallon.— Les plus accommodan.., ce sont les plus habil.. — Il mi.. entr'eux e. lui cette onde menaçan.. — Sans cesse ignoran.. de nos prop.. besoins, n. demand.. aux dieux ce qu'il n. fau.. le moins. — Par de brillan.. exploi.., par de pompeu.. disc.., le vulgaire e. sédui.. et le sera touj.. — Tou.. les homm.. vivan.. son.. ici-bas esclav.. — Les Juifs appri.. la langue chaldaïque, fort approchan.. de la leur. — Les nouv.. sont très-alarman.. — Figur..-toi Pyrrhus les yeu.. étincelan.., entran.. à la lueur de nos palai.. brûlan.., sur tou.. mes fr.. mor.. se faisant un passage, et de sang tout couv.. échauffan.. le carnage. Songe aux cris des vainq.., song.. aux cris des mouran.., dans la flamme étouff.., sous le fer expiran..** — ***Analysez ces deux ex.***

123. *Exercice sur ces règles.*

Cependant elle hésite, elle approche en tremblan.., posan.. sur l'escal.. une jambe en avant, étendan.. une main, portan.. l'autre en arrière, le cou tendu, l'œil fixe, e. le cœur palpitan.., d'une oreille attentive avec peine écoutan.. — **La sœur écoutan.. av.. la tête tourn.. de l'autre côté.** — **Enfin, il se trahi.. lui-même par les espr.. sortan.. de son corps échauff..** — **La fortune passa, l'éveilla doucement, lui disan.. : mon mignon, je v. sauve la vie.** — **La solitude étai.. prof.., s'étendan.. partout à la ronde.** — **Il y a des plantes, des bêtes e. des pers.. rampan..** — **Les anim.. vivan.. d'une manière plus conforme à la nature, doiv.. être suj.. à moins de maux q. n,** — **C'e. en rampan.. q. les serp.. s'élèv.. quelquef.. si hau..** — **Voi.. ces fl.. à peine éclo.., mouran.. de la piqûre d'un insecte.** — **S'agitan.. de fureur sous leurs voûtes tremblan.., ils lutt.. en grondan.., ils s'indign.. du frein.** — **Comb.. de pèr.., tremblan.. de dépl.. à leurs enf.., sont**

faib.., et croi.. être tendr..! — Ou comb.. de mères tremblan.. de dépl.. à leurs enf.. — Ces charman.. peintur.. représent.. de vast.. e. rian.. campagn.. — Tremblan.., n. envoy.. interrog.. Délos. — Je sui.. loin de plaid.. pour les maris battan..; on ne doi.. maltrait.. pers.. — Le plus sage de tou.. les roi.. n. représente la femme héroïq.. mouran.. avec un visage rian..

EMPLOI ET CORRESPONDANCE DES MODES ET DES TEMPS.

124. Le PRÉSENT de l'IND. exprime ou une chose actuelle, ou une chose habituelle, ou une vérité de tous les temps, ou une action passée, que le présent met en quelque sorte sous les yeux, ou enfin un futur très-prochain.

Les ven.. contrair.. ne n. permett.. pas d'abord.. en Italie. — J'ent.. grond.. la foudre e. sen.. tremb.. la terre. — Le plus sembl.. aux mor.. meur.. le plus à regr.. — La mor.. ne surpr.. point le sage. — Sire, je fai.. des anagramm.., e. je suis fort pauv.. Je v. croi.., répondit Henri; car v. fai.. un pauvre métier. — La race humaine se multipl..; les homm.. se dispers..; la terre pren.. une nouv.. face. — Le dess.. en e. pri..; je par.., cher Théramène, e. quitt.. le séj.. de l'aimab.. Trézène. — *Dans cet ex. et dans ceux qui suivent, rendez compte de l'emploi des temps.*

125. L'IMPARFAIT de l'IND. expr., 1° la cessation d'une habitude, d'un état ou d'une qualité durable; 2° une action pendant la durée de laquelle il en est survenu une autre; 3° les circonstances au milieu desquelles est survenue l'action principale.

Troie ét.. sit.. au pied du mont Ida, à quelq.. dist.. de la mer; les vaisseaux des Grecs occupai.. le riv..; l'espace du milieu ét.. le théâtre de la bravoure et de la férocit.. -- Empédocle viv.. environ 400 ans avant l'ère chrétienne. — N. aperçû.., fort au-dessous de n., une lumière qui paraiss.. se mouv.. sous les arb.. -- L'obscurit.. qui n. voilai.. tou.. la nature, le brui.. des arb.. de la forêt, les mugiss.. sour.. de l'Etna et l'océan de feu q. renfermai.. le sol q. n. foulions, n. fir.. éprouv.. un saisiss.. plus facile à concev.. qu'à decr.. -- Déjà de trai.. en l'air s'élevai.. un nuage; déjà coulai.. le sang, prémices du carnage; entre les 2 partis Calchas s'e. avanc..

126. Le PRÉTÉRIT DÉFINI expr. une action faite dans un temps déterminé et entièrement écoulé; il doit désigner une époque éloignée au moins de l'espace d'un jour. — Le PRÉTÉRIT INDÉFINI expr. une action faite dans un temps indéterminé, ou non entièrement écoulé; il peut aussi désigner un fait très-éloigné, mais encore présent, en quelque sorte, par ses résultats.

Quoi? Ne m'av..-vous pas vous-même, ici, tantôt, ordonn.. son trépas? — Romulus fond.. Rome 752 ans avant J.-C. — Qui v. a pu plong.. dans cette humeur chagrine? A-t-on par quelq.. édit réform.. la cuisine? Ou quelq.. long.. pluie, inondan.. vos vallons, a-t-elle fai.. coul.. vos vins e. vos melons? — Charles V, di.. le sage, naq.. à Vincennes le 21 janv.. 1337. Il fu.. le prem.. enf.. de France qui pr.. le nom de dauphin. -- Henri II mour.. à 40 ans, après 14 ans de règne: il laiss.., de Catherine de Médicis, 3 filles e. 4 fils. — Charles, en donnan.. son consentem.. à la Saint-Barthélemy, cru.. q. l'odieux en tomberai.. sur les Guises, e. ce fu.. là le but de sa 1re déclarat..; mais on ne le laiss..

pas long-temps dans cette agréab.. espérance. — Homère viv.. environ 900 ans avant J.-C. Les poëm.: sublim.. qu'il n. a laiss.. serv.. encore de modèl.. auj.. — Les Romains n. on.. transmi.. leur langue et leurs lois. -- *Paraître.* Une comète ... en 1811. — Hier le temps n. ... trop froi.. — J'ai tou.. les ouvrages qui ... cette année. -- N. ne suiv.. pas cet auteur ; il n. ... trop abstrai.. — *Ecrire.* C'est moi qui ... cette lettre. — Jam.. poète n'... plus correctem.. q. Racine. — Je sai.. à qui v. ... ce matin. — Je v. ... hier pour sav.. de vos nouv.. — J'... peu de chose cette année. — *Parler.* On ... long-temps en Angleterre un Français mêl.. de normand. — Aristote ... de tou.., mais ses écr.. sont trop défigur.. pour qu'on puisse bien en jug.. — L'aventure ét.. singul.. ; chacun en ... -- N. ... de v.; v. le sav.. — L'ann.. dern.. on ... de ce proj.. ; mais cette ann.., personne n'en ...

127. Le PRÉTÉRIT ANTÉRIEUR expr. une action qui a eu lieu avant une autre qui est elle-même passée. — C'est pourquoi il est touj. joint comme sub. à un prét. , par une des conj. *dès que*, *aussitôt que*, *quand*, *lorsque*, *à peine que.* — Il y a deux prét. ant. ; l'un DÉFINI, qui se joint au prét. défini : *j'eus lu* ; l'autre INDÉFINI, moins usité, qui se lie au prét. indéfini : *j'ai eu lu.* — Quelquefois le prét. ant. s'emploie seul et sans conj. ; alors on a pour objet de peindre l'action passée et promptement exécutée.

Il n'y eu.. pl.. moyen de les gouver.. quand la victoire de Salamine les (rassurer) contre les Perses. — Un mom.. après q. j'(envoyer) mon paquet, le petit Dubois m'apporta celui q. je croy.. égar.. — Quand je (reconnaître) mon err.., je f.. honteux des mauv.. procéd.. q. j'av.. eu..

à son ég.. — Lorsq.. le grand César (terminer) sa vie, tu partag.. le deuil de ma triste patrie. — Dès q. n. (perdre) de vue les côtes de la Sicile, le ciel se couvr.. de nuag.. — Quand Voltaire (cesser) de vivre, un écriv.. conn.. di.. : n. rentr.. en répub.. — Quand l'enfer (produire) la goutte e. l'araign.., mes fill.., leur di..-il, v. pouv.. v. vant.. d'être pour l'humaine lignée égalem.. à redout.. — Le ven.. étant favorab.., en peu d'heur.. n. (traverser) le détroi.. — En moins d'une heure il (transporter) tous les paquets. — En moins de 15 jours il (apprendre) par cœur tout ce grand poëme. — Bientôt n. (disperser) cette troupe indisciplin.. — En 10 minutes n. (faire) rentr.. tou.. le troup.. — Au bou.. de quelq.. ann.. ce prince (dissiper) en foll.. dépenses les trésors q. 20 rois av.. accumul.. — *Après avoir écrit cet ex. au défini, mettez-le à l'indéfini.*

128. Le PLUSQUE-PARFAIT désigne aussi une action déjà faite avant une autre qui est aussi passée. — Mais il diffère du prét. ant., en ce qu'il forme la prop. princip., et le v. auquel il est joint, la sub.

J'av.. déjà parl.. lorsq.. tu entr.. — J'av.. cachet.. ma lettr.. quand je v.. entr.. dans ma cour 4 carross.. à 6 chev.. — J'av.. déjeun.. quand v. vînt.. me demand.. — Heureusem.. n. av.. rentr.. nos blés lorsque l'orage éclat.. — Nos troup.. av.. déjà pass.. la frontière, e. s'ét.. empar.. de quelq.. vill.., lorsqu'elles reçur.. ordre de rétrograd..

129. Souvent le plusque-parfait n'est pas accompagné d'une sub.; il n'en expr. pas moins une chose passée avant celles dont on a déjà parlé.

Il passa la porte de l'enfer, e. suiv.. le sentier q. Satan av.. trac.. à trav.. l'ancienne nui

e. l'empire tumultueu.. du chaos. — Caïn ét.. sort.. dans les champs; les larm.. de ses jou.. av.. eu le temps de se séch.. — L'air ét.. encore humide de la rosée de la nui.. ; les ois.. assoup.. gardai.. le sil.., e. le sol.. levant n'av.. pas enc.. dor.. le somm.. des montagnes e. les brouill.. erran.. du matin. — Il di.., et se couch.. sur l'herbe parfum.., où bientôt le somm.. dépl.. sur lui ses somb.. ailes. Anamalech av.. suiv.. ses pas en secr.., et se trouv.. à côté de lui.

130. Le FUTUR désigne une action qui se fera, et le FUTUR PASSÉ, une action qui sera déjà passée quand une autre aura lieu. Ils marquent quelquefois l'indignation, la surprise. — Le futur passé peut aussi indiquer qu'une action a probablement eu lieu.

Tou.. peup.., tou.. terre entendr.. son oracle sa loi sainte ser.. pub.. en tous lieux. — Un prêt.. envir.. d'une foule cruel.., portera sur ma fille une main crimin..! déchirera son sein! e. d'un œil curieux, dans son cœur palpitant consultera les dieux! — Quand j'aur.. reç.. de vos nouv.., la parole me reviendr.. — V. aur.. v.. votre tante au Saint-Esprit, e. v. aur.. ét.. reç.. comme une reine.

131. Les CONDITONNELS expr. qu'une chose serait ou aurait été si certaine condition avait eu lieu.

L'ingratitude serai.. pl.. rare, si les bienfaits à usure ét.. moins communs. — Si Dieu agiss.. touj.. d'une manière miraculeuse, on ser.. comme forc.. à le reconn.., e. alors il n'y aur.. plus de foi.

132. Les étrangers observeront qu'en français la conj. SI ne peut être suivie du futur ou du

cond. qu'après une expr. de doute. — En tout autre cas, on emploie le prés. au lieu du fut., et l'imp. et le pl. parf. au lieu des cond., après la conj. SI. — Cependant ces temps conservent leur sign. quand SI veut dire LORSQUE, et le prés. après SI n'a pas touj. le sens du fut.

Si la loi du seign.. v. touche, si le mensonge v. fai.. peur, si la pitié dans votre cœur règn.. aussi bien qu'en votre bouche, parl.., fils des hom.., pourq.. faut-il qu'une haine farouche préside aux jugem.. q. v. port.. sur moi? — Si je te hai.., e.-il coupab.. de ma haine? — Je te laisse mon fils pour gage de ma foi; s'il me per.., je préten.. qu'il me retrouv.. en toi. — J'ai gagn.. doucem.. la porte sans rien dire, avec un bon serm.., q. si pour l'avenir, en pareil.. cohue on peu.. me reten.., je cons.. de bon cœur, pour pun.. ma folie, q. tou.. les vins pour moi devienn.. vins de Brie. — Si je lui av.. di.. adieu, je ser.. content. — Si j'ét.. quelq.. peintre ou quelq.. étudian.., repartit le renard, j'augment.. la joie q. v. aur.. en le voy.. — Si je dev.. un jour, pour de vil.. rich.., vend.. ma lib.., descend.. à des bassess..; si mon cœur, par mes sens, dev.. être amol.., je te dir.., ô temps! sonn.. ma dern.. heure. — Si quelq.. chat fais.. du bruit, le chat prenai.. l'argent. — Il écoutai.. s'il ne viendr.. pas de l'île quelq.. sons jusqu'à lui. — J'ignor.. si vos paren.. v. permettr.. de sort.. — On ne sav.. si les condit.. ser.. favorab.. — On ét.. dans le doute si l'aff.. réussir..

133. Lorsque la princip. expr. l'affirmation, la certitude, ou même la probabilité, la sub. prend le mode INDICATIF. — 1. La princip. étant au prés. ou au fut., la sub. prend le temps que l'époque de l'action indique. —

2. La princip. étant à un temps passé, la sub. expr. par l'imp. une action qui a lieu en même temps, par le pl. parf. une action précédente, et par le cond. une action à venir. — 3. Lorsque la prop. princip. est à un temps passé, la prop. incid. expr. par l'imp. une action de même temps que la princip., et, par le temps qui y est propre, toute autre époque déterminée. — 4. Si plus. prop. se suivent sans être liées par des conj., chaque v. prend le temps que l'époque de l'action indique. — 5. Enfin, dans ces différents cas, toute prop. présentée comme exprimant une vérité de tous les temps, se met au prés. de l'ind.

1. On conte qu'un serp.., voisin d'un horlog.. (c'ét.. pour l'horl.. un mauv.. voisinage), entra dans sa bout.. e. cherchant à mang.., n'y rencont.., pour tou.. potage, qu'une lime d'acier qu'il se mi.. à rong.. — On sai.. qu'à votre tête les dieux on.. d'Ilion attach.. la cour..; mais on sai.. q. pour prix d'un triomphe si beau, ils ont aux champs troyens marq.. votre tomb.. — On dira q. Titus, descendan.. chez les mor.., eu.. de v. un regard pour prix de ses remor.. — Reprenez vos espr.. et souv..-v. bien qu'un dîner réchauff.. ne valu.. jam.. rien. — E. ne voy..-v. pas, di..-elle, q. la fin de cette querelle ser.. l'exil de l'un? Q. l'autre, le chassan.., le fer.. renonc.. aux campagn.. fleur..? — V. avouer.. q. je n'ai pas mérit.. les reproch.. q. l'on m'a fai.. — Je v. fer.. voir qu'on ne m'impose pas par d'étern.. réci.. d'exploi.. e. de comba.. — 2. Les méconten.. disai.. qu'il av.. tou.. l'empire, le pouv.., les trésors, la dignit.., le rang. — Un loup qui commençai.. d'av.. petite part aux brebis de son voisinage, cru.. qu'il fall.. s'aid.. de

la peau du renard. — Un baudet charg.. de reliq.. s'imagina qu'on l'ador.. — J'ai pens.. q. v. trav.. déjà. — Mes paren.. ont appr.. q. n. n. voy.. tous les j.. — J'ai cru q. cette nuit all.. veng.. mon père. — V. pouviez lui dir.. q. v. av.. ét.. tantôt erran.., tantôt captif en Sicile. — Il s'imaginai.. qu'on l'av.. trah.. — Je v. av.. bien di.. q. v. me casser.. la jambe. — Dieu promi.. à Jacob q. sa postérit.. égaler.. le nombre des étoil.. — 3. J'ai conn.. dans mon enf.. un vieill.. qui disai.. av.. v.. Louis XIV. — N. vîm.. devant la chaum.. quelq.. peti.. enf.. qui jouai.. — Mars régnai.. dans les lieux qu'il habitai.. alors. — Les Macédoniens entrèr.. dans la ville q. les habitan.. av.. abandonn... — La cour de France refusa du service à cet Eugène qui devin.. bientôt après notre pl.. cruel ennemi. — N. av.. rencont.. un bûcheron auq.. n. av.. demand.. le chemin, e. qui n. a cond.. hors de la forêt. — 4. La bataille de Salamine f.. livr.. la 1re ann.. de la 75e olympiade. On a conserv.. le souvenir des peup.. et des particul.. qui s'y distinguèr.. le plus. — Il mouru..; 1,000 brui.. en cour.. à ma honte. — Je fu.., je l'avou.., un peu honteux de ma méprise. — 5. Il f.. démi.., et l'on tomba d'accor.. qu'à peu de gen.. convien.. le diadême. — Il ét.. expériment.., e. sav.. q. la méfiance e. mère de la sûret.. — Un sot trouve touj.. un pl.. sot qui l'admir.. — Ovide a di.. q. l'étude adouci.. les mœurs, e. qu'elle efface ce qu'il y a en n. de gross.. e. de barbare. — J'ai touj.. cru q. Dieu e. bon, e. q. sa bonté s'éten.. sur tou.. la nature. — Il m'a di.. qu'il ne fau.. jam.. vend.. la peau de l'ours qu'on ne l'ai.. mi.. par terre.

134. Le mode IMPÉRATIF ne contient qu'un temps; il expr. touj. le futur.

Tonn.., pleur.., gémi.., j'y sui.. indifférente. — All.., part.., mes vers, dern.. frui.. de ma veine. — Descen.. du hau.. des cieu.., auguste vérit.., répan.. sur mes écr.. ta force et ta clar.. — France, repren.. sous lui ta majest.. première. — Meur.. libre, et soi.. veng.. d'un traître.

135. L'impératif terminé par *e* muet prend une *s* quand il est immédiatement suivi de l'un des deux C. I. EN ou Y. — Mais si ce C. appartient à un inf. suivant, ou si EN est prép., l'impératif terminé par *e* muet ne prend point d'*s*. Dans aucun cas on ne peut dire *vas-en*.

Sache q. je sui.. le maître. — ...-en la raison. — *Aie* soin de tou.. ce que je conf.. à ta garde. — Mets mes tabl.. dans cette chamb.. et ...-en le plus gran.. soin. — ..., en même temps, le soin d'en commenc.. le catalogue. — *Va*, tyran des mortel.., Dieu barbare et funeste ; ... fair.. retent.. tes regr.. loin de moi. — Le jardin e. ici près : ...-y ; ... t'y prom.. — ... en Angleterre. — *Cueill..* ces roses : ...-en tan.. q. tu voudr..; ... en te prom.. quelq.. fraises. — Cette chambre t'e. réserv.. ; port..-y tes meubl.. — Le feu e. à cette maison ; vol..-y port.. du sec..

136. Ne dites point *m'y*, *t'y*, après un impér. ; dites *y-moi*, *y-toi*.

Répondez tant affirmativ. que négativ., *par la 2e pers. du sing. de l'impér.*, *aux questions suiv.* Couperai-je des branches? RÉP., oui, coupes-en ; non, n'en coupe pas.

Te donnerai-je de l'arg.. ? — Lui expliquerai-je ce passage ? — MM., v. dirai-je la vérité ? — Achèterai-je des liv.. ? — Le suivrai-je à Paris ? — Laisserai-je des meubl.. dans cette chambre ? — Prendrai-je ces marchandises à Lyon ? — Me conformerai-je à ce règlem..? — Te mènerai-je au spect.. ? — Te ferai-je cette prop.. ? — T'offrirai-je des condit.. ? T'enverrai-je à la camp.. ? — M'amuserai-je de cela ? — Laisserai-je ces liv.. aux enf.. ? — Bâtirai-je une maison ? — Montrerai-je de la colère ? — Prendrai-je un chapeau ? — Porterai-je du sable ? — Te donnerai-je une plume ? — Planterai-je un arb.. en ce lieu ? Laisserai-je des arb.. ici ? — Feindrai-je de la surprise ? — M'amuserai-je ici ? — Te laisserai-je ici ? — T'informerai-je de cela ?

137. Lorsque la prop. princip. expr. 1 le doute, 2 la crainte, 3 le désir, 4 la nécessité, 5 la surprise, 6 le plaisir, la peine, l'opinion, 7 la négation, l'interrogation, le v. de la sub. prend le mode SUBJONCTIF. — 8 Tout v. qui, pris affirmativ., veut le subj., le gouverne aussi, pris négativement ou interrogativement.

1. Je doute fort q. votre père consen.. à une union si mal assort.. — Il n. semblai.. douteu.. q. l'on remportât la victoire. — Je ne suis pas cert.. q. v. essuy.. un refus. — 2. Je crain.. qu'un prom.. effet n'ai.. suiv.. la menace. — Craign.., Romains, craign.. q. le ciel quelq.. j.. ne transpor.. chez v. les maux e. la misère, et mettan.. en nos mains, par un juste retour, les arm.. dont se ser.. sa veng.. sévère, il ne v. fass.., en sa colère, nos esclaves à votre tour. — M'étant aperçu de ce tend.. intér.. q. v. pren.. à moi, j'ai appréh.. qu'il n'allât trop loin. — Je tremb.. qu'un disc.., hélas ! trop vérit.., un j. ne leur reproche une mère coup.. — J'ai peur q. cela ne v. fasse de la peine. — 3. V. voul.. qu'un roi meur.. — Que vouliez-vous qu'il fî.. contre trois ? Qu'il mour.. ou qu'un beau désesp.. au moins le secour.. — Je n'ent.. pas q. v. fass.. de dépense, ni q. v. env.. rien cherch.. pour moi. — V.

brûl.. q. je ne soi.. partie. — Je désir.. q. v. part.. — Je préten.. q. dans Rome elle reste en otage ; je le veu.. — Je sui.. encore d'avi.. q. n. rend.. le temps moins lon.. par des réci.. — Aimez qu'on v. conseil.., e. non pas qu'on v. lou.. — Je suppose qu'on vienne tou.. les j.. ; que direz-v. ? — C'e. peu qu'en un ouvrage, où les fautes fourmill.., des trai.. d'espr.. semés de temps en temps pétill.. ; il fau.. q. chaque chose y soi.. mi.. en son lieu ; q. le débu.., la fin, répon.. au milieu ; q. d'un art délica.. les pièces assort.., n'y fass.. qu'un seul tou.. de diver.. parti.. ; q. jam.. du suj.. le disc.. s'écartan.. n'aill.. cherch.. trop loin quelq.. mot éclatant. — Il e. nécess.. q. je sort.. — Il convient q. v. suiv.. mes cons.. — Il importe q. v. y soy.. — 5. Je m'étonn.. qu'il ne voi.. pas le dang.. où il e. — N. ét.. surpr.. qu'on n. laissât pass.. tranquill.. — Il e. singul.. q. pers.. ne connaisse un homme si riche. — 6. Je sui.. rav.. q. le hazar n. ai.. réun.. — Quoi ! fille de David, v. parl.. à ce traître ! v. souffr.. qu'il v. parl.. ? — Je consen.. q. dans les temps presque inconn.., il ai.. conq.. la terre. — N. somm.. charm.. q. v. déploy.. enfin quelq. vigueur. — Ma sœur ét.. bien fâch.. q. v. ne voul.. pas venir. — Il e. juste, grand roi, qu'un meurtr.. périsse. — M., il e. imposs.. q. v. voy.. à présent ma maîtr.. — Il répugn.. q. cela soi.. ainsi. — Pour en obt.. un secours généreux, j'ai cr.. qu'il suffisai.. q. l'on f.. malh.. — Il e. bon q. chacun s'accuse ainsi q. moi. — Je consen.. q. mes yeu.. soi.. touj.. abus.. — Il vau.. mieu.. qu'il ne vienne point. — 7. E.-il juste qu'on meure au pied levé, dit-il ? — Croirai-je qu'Artaban, qui per.. tou.. en mon père, ai.. port.. sur mon père une main meurtr.. ? — N'e.-il pas bien natur.. q. tou.. les métamorphoses don.. la terre e. couv.., ai.. fai.. imagin.. dans l'Orient q. nos âmes passai.. d'un cor.. dans un autre ? — Ne croi.. pas q. je vi.. après cet hyménée. — Eh quoi! te semble-t-il q. la triste Eriphile doi.. être de leur joie un témoin si tranq..? — Le blé, pour se donn.., sans peine ouvran.. la terre, n'attendai.. pas qu'un bœuf, press.. par l'aiguillon, traçât à pas tardifs un pénib.. sillon. — Pens..-v. qu'en form.. la répub.. des abeil.., Dieu n'ai.. pas voul.. instr.. les rois à command.. avec douceur? — Trouv..-v. q. n. acq.. assez d'influence? — Je ne pense pas q. v. acq.. jam.. d'aussi gran.. talen.. — E.-il vrai qu'un roi fier e. terrib.. aux charm.. de vos yeu.. soi.. dev.. sensib.., q. l'hymen auj.. doi.. combl.. vos vœux? — 8. V. ne dev.. pas craind.. qu'à prend.. aucun parti je veu.. v. contrain.. — Quoi? craign..-v. déjà qu'ils ne soi.. écout..? — Peu s'en fallut q. le sol.. ne rebroussât d'horr.. vers le manoir liquide. — N'attend.. pas, MM., q. j'ouv.. ici une scène tragique, q. je présente ce gr.. homme étend.. sur ses trophées, q. je découv.. ce cor.. pâle e. sangl.. aupr.. duq.. fume encore la foudre qui l'a frapp..; q. je f.. crier son sang comme cel.. d'Abel, e. q. j'expose à vos yeu.. les tristes imag.. de la relig.. e. de la vertu éplor.. — Réduite à voir sa tête expier son offense, dout..-tu qu'il ne veu.. implor.. sa clémence? — Voul..-v. q. moi, chien, qui n'ai rien à la chose, sans auc.. intér.. je per.. le repos?

138. Si la princip. est au prés. ou au fut., la sub. se met au prés. du subj. pour désigner un prés. ou un fut., et au prét. du subj. pour désigner un passé; mais si la princip. est à un temps passé ou à un cond., mettez la sub. à l'imp. du subj. pour désigner une action prés. ou fut. relativement à la princip.,

pl. q. parf. du subj. pour désigner une action passée. 1° *Dist. les princip. et les sub. de l'ex. précédent ; 2° rendez compte de l'emploi des temps et des modes ; 3° recommencez en substit. le passé ou le cond. au prés. ou au fut., et le prés. au passé, dans chaque princip.*

139. Cependant la sub. prend le mode ind., 1° lorsque la principale, quoique interrogative ou négative, n'a pour objet que d'affirmer ou de convaincre; 2° lorsque *dire*, *prétendre*, *attendre*, *supposer*, n'expriment ni ordre ni incertitude; 3° après *sembler* précédé d'un C. I.

Sav..-v., monseign.., q. si je ne sui.. pas maréchal de France, je sui.. du boi.. dont on en fai..? — Eh bien, M., quand on en fer.. de bois, on song.. à v. — Mme, oubliez-v. q. Thésée e. mon père, e. qu'il e. votre époux? — Il ne voyai.. pas qu'on se moq.. de lui. — J'enten.. q. la cruche se rempl.. — On préten.. q. nos troup.. on.. remport.. une grande vict.. — Je suppose q. votre frère ne veu.. pas me tromp.. — On supposai.. sans doute q. je trav.. pour mon compte. — Il me semble qu'il n'y a pas de pl. gr.. jouiss.. q. celle de faire des heur.. — Sav..-v. pourq.. Jérémie a tant pleur.. pendant sa vie? C'e. qu'en prophète il prévoyai.. qu'un j. le Franc le traduir.. — Un gros serp.. mordi.. Aurèle: q. croy..-v. qu'il arriva? Qu'Aurèle en mour..? Bagatelle; ce f.. le serp.. qui crev..

140. Mettez successivement au prés. et à l'imp. du subj. tous les v. de l'ex. 44, en faisant précéder chacun de *il faut*, *je veux*, *on désire*, *on attendra*, pour obtenir le prés.; et de *il fallut*, *je voulais*, *on désirait*, *on exigerait*, pour obtenir l'imp.

141. Lorsque la sub. est gouv. par une conj. composée, elle est souvent placée avant la princip. — Ainsi, lorsqu'elle doit prendre le mode subj., il faut, pour déterminer le temps qu'on doit employer, faire attention au temps du v. de la princip. — Je ne dirai donc pas: *afin q. votre manuscrit soit correct v. deviez le mettre au net*, parce que le v. de la prin-

cip. est à l'imparf.; dites: *afin q. v. man. fût*, etc.

Les conj. qui expr. le doute, la supposition, le but, et qui par cette raison gouv. le subj., se trouv. dans l'ex. suivant.

*Afin qu'*il (être) pl.. frai.. et de meill.. débi.., on lui lia les pieds, on vous le suspend.. — Adraste et ses sold.. descendir.. *avant qu'on* (pouvoir) les re-conn.. — *Au cas que*, *en cas que* ces dames part.., vous voudriez bien m'en avert.. *A moins qu'*on ne lui céd.. en tou.. chose, il n'ét., jamais conten.. — Les roi.. qui fir.. constr.. les pyramides n'osèr.. y faire dépos.. leurs corps, *de peur que* le peupl.. irrit.. ne les en arrach.. *Avant* q. tou.. les Grecs v. parl.. par ma voix, souffr.. q. j'os.. ici me flatt.. de leur choi.., e. qu'à vos yeu.., seign.., je montre quelq.. joie de voir le fils d'Achille e. le vainq.. de Troie. — Les puiss.. établ.. par le commerce s'élèv.. peu à peu, *sans q.* pers.. s'en aperç.. — Il fai.. bon craind.., *encore q.* l'on (être) saint. — *Bien qu'*animal sans vertu, il faisai.. trembl.. tou.. le mode. — *Malgré q.* j'en (avoir), il fall.. le suiv.. (conj. usitée *seulement* avec *avoir.*) — *Pour que* la vérit.. f.. impression, elle doi.. touch.. — *Loin que* les Romains désesper.. du salut de la répub.. après la bataille de Cannes, ils refusèr.. de rachet.. les prisonn.. — Boileau di.., en parl.. du jeu de mots ou de la pointe, que la raison lui laissa l'entrée en l'épigramme, *pourvu que* sa finesse, éclatan.. à propos, roul.. sur la pensée, et non pas sur les mo.. — *Quel que* (être) le forfai.., le repentir l'expi.. — *Quelque* haine *que* f.. éclat.. votre père, pour os.. le haïr, sa fille m'e. trop chère. — San.. la langue, en un mo.., l'auteur le pl.. div.., e. touj.., *quoi qu'*il (faire), un méch.. écriv.. — Je sai.. q. je v. ai dépl..; et *quoique* je ne (savoir) pas précisém.. pourq.., je ne m'en croi.. pas moins coup.. — *Bien qu'*au moin.. mal qu'il pu.. il ajust.. l'hist.., le lou.. fu.. un so.. de le croire. — Je vien.. d'en essuy.. la pl.. sangl.. injure *sans qu'*elle (avoir) excit.. le plus lég.. murmure. — *Soit qu'*un vieu.. respect pou. le san.. de leurs maîtr.. parl.. encore pour moi dans le cœur de ces traîtr.., *soit que* de Médicis l'ingénieu.. courrou.. trouv.. pour moi la mor.. un supplice trop dou.., *soit qu'*enfin s'assuran.. un por.. durant l'orage, sa prudente fur.. me gard.. pour otage, on réserva ma vie à de nouv.. revers. — *Supposé qu'*il (pleuvoir), vos jeunes plan.. pourr.. réuss.. — Il restera *jusqu'à ce qu'*on lui di.. de sort..

142. Que, représentant une conj. précéd., gouv. le même mode que cette conj.; cependant que, mis à la place de si, gouv. le subj. — De manière, de sorte, de façon que gouv. le subj. quand on expr. l'intention; mais quand ces conj. n'ont pour but que d'affirmer, elles gouv. l'ind.

Comme les arm.. ét.. rang.. en bat.., et qu'ell.. étaient prêt.. à comb.., on entra en négociat.. — Quand on a reconn.. sa faute, et qu'on l'(réparer), on e. digne de pardon.. — Quoique v. soign.. peu votre ouvrage, e. q. v. (rire) sans cesse, on ne v. puni.. pas. — Si l'enf.. perd.. l'apéti.., et qu'il (paraître) souffr.., di..-le-moi. — Si vous étiez malade, et q. v. v. (plaindre), je ne me moq.. pas de v. — Si elle s'ét.. comport.. de façon qu'elle (avoir) mérit.. d'êt.. blâm.., q. dir..-v.? — On aur.. trav.. de sorte que. v. (être) satisf.. — Il parle de sorte q. l'on ne (compr..) pas ce qu'il di.. — Tu écriv.. de manière que n. ne (pouv..) rien déchiffr.. — Il lisai.. tou.. la j.., de sorte qu'il ne s'occup.. null.. des aff.. domest.. — Elles av.. march.. de façon qu'il (être) facile de les att.. — Ils se son.. avis.. de cour..; de sorte q. n. ne (être) pas dispos.. à les poursuiv..

143. Une prop. incid. prend le subj. quand on expr. le désir ou le doute de trouver un objet qui ait la qualité demandée. — Une prop. incid. prend encore le subj. quand on donne à l'antécédent une qualité que l'on refuse entièrement ou au même degré à tous les objets de la même espèce.

Est-il un seul mom.. qui v. (pouvoir) assur.. d'un secon.. seulem.. ?—Il n'ét.. poin.. d'étang dans tou.. le voisinage qu'un cormoran n' (avoir) mi.. à contribut.. —Invent.. des ressor.. qui (pouvoir) m'attach.. — Montr..-moi un chemin qui cond.. àParis. — Épous.. une femme qui v. plai.. — Il y a peu de rois qui (savoir) cherch.. la vérit.. gloire. — Le présen.. e. l'unique bien dont l'homme (être) vraim.. le maître. — E.-il quelq.. vertu dans les glaces de l'Ourse, ni dans ces lieux brûl.. où le j.. prend sa source, dont la triste indigence ose enc.. approch.., e. qu'en foule tes dons d'abord n' (aller) cherch.. ? — Je triomphe auj.. du pl.. juste courrou.. de qui le souvenir (pouvoir) all.. jusqu'à v. — La Fontaine est le prem.. poète qui (avoir) su orn.. l'apologue de tou.. les richess.. de la poésie. — Il n'y a rien qui (être) pl.. cher q. le temps ; et il n'y a rien que n. empl.. pl.. mal. — Trouv..-moi un logem.. d'où je (voir) la camp.. — Je veux, s'il e. poss.., rentr.. dans ce logem.. d'où l'on (voir) la camp.. — Voilà la plus belle fl.. de mon jardin, que j' (avoir) cueill.. pour v. l'offr.. — Procur..-moi un livre qui ne m'endor.. pas. — Connaiss..-vous ce march.. qui (venir) tous les ans ici ? — Il n'y a chose que je n' (avoir) di.. pour le détourn.. de ce proj.. insens.. — Rend..-moi le prem.. vol.. d'Anarcharsis, q. v. (avoir) gard.. si long-temps. — Tyran républicain, qui malgré sa vert.., e. le pl.. danger.. q. Rome (avoir) jamais eu.

144. 1. Quoique le v. de la princip. soit au

prés., le v. de la sub. se met à l'imp. du subj. quand ce dernier a le sens d'un passé ou d'un cond. — 2. Le v. de la princip. étant à un temps passé ou au cond., le v. de la sub. prend le prés. du sub. quand il expr. une chose encore à faire, ou une vérité de tous les temps.

1. Croi..-tu q. je ne (savoir) pas à fond tou.. les stratagèm.. de mon ennem..? — 2. Av..-v. pu pens.. qu'au sang d'Agamemnon, Achille préfèr.. une fille sans nom., — 3. Je ne croi.. pas q. sans vos sec.., ce jeune homme f.. de gr.. progr.. — 4. Ce n'e. pas qu'on disput.. rien aux rois, ou q. pers. (avoir) droi.. de les contrain.. — 5. Il e. for.. dout.. q. v. (avoir) réuss.., si je ne v. av.. aid.. — 6. Par ma foi, il y a pl.. de 40 ans q. je di.. de la prose, sans q. j'en (savoir) rien. — 7. On crain.. qu'il n'essuy.. les larm.. de sa mère. — 8. Il n'e. pas sûr q. j'obt.. cette grâce, si v. refusiez votre intercession. — 9. Et bien, qu'on (être), à ce qu'il semble, beauc.. mieux seul qu'avec des so.., comme l'ours en un j. ne disai.. pas 2 mo.., l'homme pouv.. sans brui.. vaq.. à son ouvr.. — 10. Quel.. raison aurait-on de voul.. q. cette express.. (être) malhonn..? — Dieu a voul.. q. les espèces faib.., tel.. q. les insec.., (être) indestructib.. par leur nomb.. prodig.. — 12. All.. dire à ce vieill..: pour qui plant..-v.? Il v. répondra : pour les dieux immort.., qui ont voul.. que je profit.. du trav.. de ceux qui m'ont précéd.., e. q. ceux qui me suivr.. profit.. du mien. — 13. J'ai ordonn.. en sort.. qu'on n. prépar.. un bon dîner; je prév.. q. n. aur.. faim. — 14. Les voyag.. vienn.. de sort..; ils ont recommand.. q. l'on place leurs li.. dans une autre chambre.

1. Je les savais. — 2. Préférerait. — 3. Ferait. — 4. On ne disputait pas, on n'av.. pas droit.

— 5. Q. j'aurais réussi. — 6. Et je n'en sav.. rien. — 7. Il essuierait. — 8. Q. j'obtiendrais. — 9. On est en tout temps mieux. — 10. Elle n'est jamais malhonnête. — 11. Ils sont touj.. indestructibles. — 12. Q. je profite maintenant. — 13. On le préparera. — 14. On placera les lits.

145. Souvent la prop. princip. est sous-ent. : quelquefois même la conj. n'est pas expr. La prop. princip. sous-ent. est alors un v. de désir, de nécessité, d'attente, etc., indiqué par le sens de la sub. Tels sont *je désire*, *je voudrais*, *je permets*, *je suppose*.

(Pouvoir) le ciel tou.. deu.. v. prend.. pour victim..,, et faire choir sur v. la peine de mes crimes! — (Pouvoir) v. ne trouv.. dedans votre union qu'horr.., q. jalousie, et q. division! et pour v. souhait.. tou.. les malh.. ensemb.. (pouvoir) naîtr.. de v. un fils qui me ressembl..! — (Périr) le Troyen auteur de nos alarm.. — (Croire) qui voudra les fab.. q. n. racont.. ces historien.. — (Vouloir) les immort.. conduct.. de ma langue q. je ne (dire) rien qui (devoir) être repri.. — (Plaire) aux dieu.. qu'à son sort le destin qui me li., n' (avoir) poin.. par d'autr.. nœu.. attach.. Zénobie. — Je suis souris: (vivre) les rats! Jupiter (confondre) les cha..! — Je suis ois..: voy.. mes ail..; (vivre) la gent qui fen.. les airs! — Mais q. ma cruaut.. survi.. à ma colère, q. malgré la pitié don.. je me sen.. saisir, dans le sang d'un enf.., je me baign.. à loisir, non, seign.. — Si dans le sein de Rome il se trouvait un traître, qui regrett.. les rois e. qui voul.. un maître, q. le perfide (mourir) au mil.. des tourm..! q. sa cendre coupab.., abandonn.. aux ven.., ne laiss.. ici qu'un nom pl. odieux encore que le nom des tyrans q. Rome entière abhor..! — Ainsi (pouvoir) touj.. plein du même courage, mon sang, digne de. v., v. serv. d'âge en âge! — Ne (plaire) aux dieux, q. je couch.. avec v. sous même toit. — Quels transports ! quels discours ! qui, moi, q. je v. fui..?—(Perdre) qui voudr.. son temps à de pareill.. recherch.. — Faites périr le frère, abandonn.. la sœur. Rome sur ses autels prodiguant les victimes, (être)-ils innocen.., leur trouvera des crimes. — Pour moi (devoir) l'Empereur punir ma hardiesse, d'une odieuse cour j'ai travers.. la presse.—(Plaire) aux dieux que ce (être) le dern.. de ses crimes. — Je viendr.., ne (être) ce que pour v. troubl.. — *Expr. les princip. sous-entendues.*

146. Le v. imp. C'EST et celui de la prop. incid. qui le suit, prennent le même temps et le même mode.

C'est moi qui sai.. le mieu.. — ... toi qui criai.. — ... toi qui resta.. — ... le roi qui parlerai.. — ... moi qui parlerai. — ... toi qui parler.. — ... mon frère qui écrir.. — Il fau.. q. ... moi qui parc.. les champs. — Il attendai.. q. ... moi qui parc.. la ville. — J'av.. désir.. q. ... toi qui parl.. — On voulai.. q. ... elle qui me suiv.. — *Subst. le pl. au sing.*

147. Distinguez dans l'ex. suivant le prét. déf., l'imp. du subj. et le part. passé. — Dist. aussi le prét. ant. du pl. parf. du subj. — On emploie assez fréquemment ce dernier temps au lieu du cond. passé ; ainsi l'on dit *qui l'eût cru* pour *qui l'aurait cru.* — Beaucoup de personnes ont l'habitude très-vicieuse d'y substituer le prét. antérieur, et de dire, par ex. : *si j'eus voulu. — Tu eus réussi si tu t'y fus pris autrement.* Dites si j'EUSSE, tu EUSSES, tu t'y FUSSES. Le prét. ant. est accompagné d'une des conj. *dès que*, *aussitôt que*, etc.

Qu'il all.. ou qu'il vin.., qu'il bu.. ou qu'il

mang.., on l'eû.. pri.. de bien court à moins qu'il ne song.. à l'endr.. où gisai.. cette somme enterr.. — Autref.. Progné l'hirondelle de sa demeure s'écart.., e. loin des vill.. s'emport.. dans un bois où chantai.. la pauvre Philomèle. — Le pis fu.. q. l'on mi.. en piteux équipage le pauvre potager. — Il eû.. ét.. mal qu'on n'eû.. pu du jard.. sortir tout à cheval — Soy.. join.., mes enf.., q. l'amour v. accorde. Tant q. dur.. son mal, il n'eu.. d'autre disc.. — Si v. fu.. tomb.., l'on s'en fû.. pr.. à moi; cepend.. c'ét.. votre faute. — Tou.. 2 s'étant trouv.. differ.. pour la cure, leur malade pay.. le tribut à nature après qu'en ses conseils Tant-Pis eu.. ét.. cru. Ils triomphai.. encor sur cette maladie. L'un disai.. : il e. mor.., je l'av.. bien prév..; s'il m'eû.. cr.., disai.. l'autre, il ser.. plein de vie. — Fu..-tu par delà les colonn.. d'Alcide, je me croir.. encor trop voisin d'un perfide. — Chacun sai.. là-dessus quel étai.. mon désir : j'eu.. accept.. le trône avec moins de plaisir. — Sitôt q. l'alouette eu.. quitt.. sa famille, le possess.. du champ vien.. avec son fils. — Comment voul.. v. q. je croi.. qu'un hibou pû.. jam.. emport.. cette proie? mon fils en un besoin eû.. pri.. le chat-huant. — Hélas! si je fu.. mor.., enf.., j'aur.. déjà jou.. de la vie, e. n'en aur.. pas conn.. les regr.. — Lorsq.. j'eu.. entrepr.. ce trav.. j'en reconn.. tou.. les difficult.. — Dès q. tu eu.. ouv.. la bouche, il se fi.. un gr.. silence. — Les temps, prédi.. par la sibylle, à leur terme sont parven.. — Nourr.. à la camp. dans tou.. la rusticité champêtre, vos enf.. y prendr.. une voi.. pl.. sonore.

148. N'employez pas des temps différents pour désigner des actions faites à la même époque. — Ne réunissez pas des temps qui désignent des époques trop éloignées l'une

de l'autre, pour exprimer des actions qui ont eu lieu presque en même temps; ne joignez pas le défini au prés., ni l'antér. à l'indéf. — Ne donnez pas un imp. subj. à un v. qui n'en a point; n'employez pas non plus le prés. subj. pour l'imp., mais prenez un autre tour : ne dites pas *il fallait q. je soustraie*; dites *je devais soustraire*, ou *j'étais obligé de*, etc.

J'ai v.. tomb.. le trône où régnai.. mes ancêt..; tou.. changea sur la terre, et je conn.. des maîtr.. — Le flo.. qui l'apporta recule épouvanté. — J'ai consult.. différen.. avocats, ils me donnèr.. tou.. le même conseil. — Je v. ren.. le journal q. je lus. — V. voyez le mal q. v. me fîtes aujourd'hui. — Dès q. je v. eu.. parl.., j'ai écri.. à mes paren.. — N. somm.. sort.. aussitôt q. ces MM. eur.. dîné. — je fai.. l'ouvrage q. tu me donnas. — Lorsque tu eu.. appri.. ta leçon, tu me l'as récit.. — N. av.. fai.. tou.. les effor.. qu'il n. fu.. possible. — V. av.. bien ri lorsque je v. eu.. racont.. cette aventure. — Je désirais q. v. v. distrayiez. — Il fut imposs.. que j'extraie tout le suc de cette plante. — J'av.. demand.. q. v. soustrayiez cette somme de l'autre. — Il étai.. imposs.. qu'on absolve l'accusé. — Il fallait q. vos vers-à-soie éclosent un peu plus tôt. — J'aurais été charm.. q. tu closes ton jardin. — On exigeai.. q. tu traies la chèvre, q. tu distraies les enf.. — *Corrigez ces phrases.*

DEGRÉS DE SIGNIFICATION.

149. L'adj. qui expr. la qualité sans indiquer aucune comparaison, est au POSITIF : *je suis fort, saint Louis fut juste.* Mais deux objets

peuvent avoir une qualité commune au même degré ou a des degrés différents. Quand on les compare, l'adj, est au COMPARATIF.

Ton frère fu.. pl.. laborieu.. q. tu ne le ser.. jam.. — Les Arab.. fondèr.. un empire aussi puissan.. q. l'av.. ét.. celui des Romain.. — Les pl.. magnifiq.. palai.. ét.. peut-être moins commodes q. ne le son.. auj.. nos plus simpl.. habitations. — J'ai pl.. étud.. q. v. n'étudi.. jamais. — N. trav.. moins auj.. q. n. ne trav.. autref.. — Il écr.. pl.. facilem.. q. v. n'av.. jamais écr.. — Je v. aim.. autan.. q. v. m'aim.. — Je march.. aussi lentem.. q. v. march.. hier.

150. *Meilleur*, *moindre*, *pire*, comp. adj., *mieux*, *moins*, *pis*, comp. adv., sign. *plus bon*, *plus petit*, *plus mauvais*, *plus bien*, *plus peu*, *plus mal*.

Il parl.. mieux q. n. n'av.. parl.. — Ce vin me paraî.. meill.. q. je ne le trouv.. hier. — Les difficult.. seron.. moindr.. dans quelq.. temps qu'ell.. ne l. son.. auj.. — Je li.. moins à la ville q. je ne lisai.. à la camp.. — L'éta.. du malade m'a par.. ce matin pire q. ne fu.. jam.. le vôtre. — Si tu voyai.. mettr.. à la broche, tou.. les jour.., autan.. de faucon.. q. j'y voi.. mettr.. de chapon.., tu ne me fer.. pas un semblab.. reproche.

151. 1° La comparaison s'établit au moyen de deux prop. liées par la conj. QUE, qui sign. alors *en comparaison de ce que*. 2° Il y a trois sortes de comparatifs, savoir : d'*égalité*, de *supériorité*, d'*infériorité*. 3° Dans les comparatifs de *supériorité* ou d'*infériorité*, la sub. prend l'adv. nég. NE. — *Analysez les prop. des trois ex. précédents.*

152. Lorsque le v. de la sub. est le même que celui de la princip., on le sous-ent., à moins que la différence des temps n'exige qu'on l'expr. — Quelquefois même on sous-ent. tout-à-fait la sub.; c'est lorsqu'elle est suffisamment indiquée par le sens.

N. av.. plus de paresse dans l'espr.. q. dans le cor.. — Ne quitter..-v. point ce séj.. solit..? Ah! repri.. Philomèle, en est-il de pl.. dou..? — Un so.. trouv.. touj.. un pl.. so.. qui l'admir.. — Il fau.., autan.. qu'on peu.., oblig.. tou.. le monde: on a souv.. besoin d'un plus peti.. q. soi. — Paisson.. l'herbe, brouton.., mouron.. de faim plutôt; est-ce une chose si cruelle? Vau..-il mieu.. s'attir.. la haine universel..? — Je croyai.. apport.. pl.. de haine en ces lieu.. — A de moindr.. fureurs je n'ai pas dû m'attendr.. — Je le voi.. comme v.., par la gloire anim.., mieux ob.., pl.. crain.., peut-être moins aim.. — Le soldat à son gré, sur ce funeste mur, combattan.. de pl.. près, porte des cou.. pl.. sûr.. — *Expr. les v. sous-ent.*

153. Lorsque le comparatif de supériorité ou d'infériorité est pris négativ. ou interrogativ., la sub. ne prend point de négation.

Ont-ils pl.. de supériorit.. qu'ils en on.. jam.. montr..? — Les eau.. ne sont pas moins haut.. auj.. qu'el.. l'ét.. hier.. — Je n'aur.. pas pl.. de complais.. auj.. q. je v. en ai montr.. jusqu'à prés.. — Vos aveu.. serai..-ils moins sincèr.. qu'ils me l'on sembl..? — Les ouvrag.. ne son.. pas pl.. avanc.. maintenan.. que je les ai trouv.. il y a 6 mois.

154. On peut se tromper dans la manière dont on expr. la comparaison, et dire, par

ex. : *J'ai un jardin plus beau que vous ;* dites: *j'ai un jardin plus beau que le vôtre.*

La population de Paris est pl.. grande q. Pétersbourg, mais moindre q. Londres. — Mes ancêtr.. on.. posséd.. des domaines beauc.. plus considérab.. q. certains souverains. — La férocit.. du tigr.. e. pl. gr.. q. le lion.

155. Au lieu de dire : *on désire d'autant plus de bien qu'on en a*, on dit : *plus on a de bien, plus on en désire.* Répétez l'adv. de comparaison, supprimez le *que*, placez la sub. devant la princip., et ne les joignez par aucune conj.

On trouv.. d'aut.. pl. de peupl.. qui honorai.. un seul Dieu, qu'on remonte pl. dans l'hist.. — On se crée d'autant pl. de besoins imaginaires, qu'on en a moins de réels. — Il fau.. autan.. d'ard.., d'inflexibilit.., pour défér.. un traître à la sociét.., qu'il fau.. d'égar.., de soins et de prud.. pour ne pas diffam.. l'honn.. et l'innoc.. — Les crim.. son.. d'autant pl. dans les enf.. l'obj.. d'une veng.. implacab.., qu'ils son.. plus impun.. et excus.. sur la terre. — Nous ét.. d'autan.. moins disp.. à v. fuir.. q. v. ét.. moins sensib.. à nos représentat.. — *Transformez ces ex.*

156. Le SUPERLATIF est le dernier degré de supériorité ou d'infériorité. Il est RELATIF quand il expr. comparaison d'un objet avec tous ceux de son espèce : LA PLUS *belle*, LA MOINS *belle des fleurs. Ce sont eux qui écrivent* LE MIEUX. — Il est ABSOLU quand il n'expr. pas comparaison. *Cet enfant est* TRÈS-*paresseux*, BIEN *docile*, FORT *entêté. Le meilleur moyen, la moindre difficulté, ma plus*

belle chambre, *son plus jeune fils* sont aussi des superl., parce que cela sign. *le meilleur des moyens*, *la plus belle de mes chambres*, *etc.* L'adv. et le v. comme renfermant un adj., sont par cette raison susceptibles du superl. *L'homme que j'estime le plus; celui qui court le plus vite.* — *Dist. les superl.*

Au pl.. gai des vieillar.., au pl.. gran.. des poètes, à l'Orphée attendu dans nos bell.. retrai.., des champs Elysiens, salut, gloire et longs jours. — Ceux qui travaill.. le pl.., son.. ceu.. qui jouiss.. le moin.. de ce qu'on appell.. les douceurs de la vie : ils ne son.. cepend.. pas les pl.. malheur.. — Les plaisirs les pl.. dou .., les pl.. vrai.., ne sont pas ceu.. qui coût.. le plus ch.. — L'étude a touj.. fai.. mes pl.. ch.. délices. — Le style le moins noble a pourtant sa nobl.. — La gent marécageuse, gen.. fort sotte et fort peureuse, s'alla cach.. sous les eaux. — Le pl.. semblab.. aux mor.. meur.. le pl.. à regret. — Celui qui croi.. pouv.. trouv.. en soi-même de quoi se pass.. des autr.. se trompe for..

157. L'article du superl. s'acc. en genre et en nombre avec l'adj. suiv., ou plutôt avec le subst. expr. ou sous-ent., quand on a pour but de comparer un objet à tous ceux de son espèce. — L'art. du superl. est inv., 1° lorsque PLUS, MOINS, sont pris substantiv.; 2° quand PLUS, MOINS, sont joints à un v., ou à un adv. qui modifie le v.; 3° lorsque l'on a pour but, soit d'expr. simplement la qualité au plus haut ou au moins haut degré, sans expr. comparaison avec d'autres objets, soit d'expr. que dans telle ou telle circonstance une qualité est parvenue au

7*

plus haut ou au moins haut degré, sans comparer l'objet à aucun autre de son espèce. — Pis, mieux suivent les mêmes règles. Observez cependant que pis ne se joint jamais à un adj., et ne s'emploie que comme subst. ou comme adv.; pire est toujours adj. Ainsi tant pire est une faute grossière.

Analysez les ex. suivants.

La prospérit.. e. l. pl.. forte épreuve de la sag.. — L. moins de servitude q. l'on peu.. est l. meill.. — N. viv.. dans l. pl.. gr.. amit.. qu'il (être) possible. — N. n. somm.. baign.. à l'endr.. où les eaux son.. l. moins prof.. — Quelle est de tou.. les choses du monde l. pl.. longue, l. pl.. courte, l. pl.. étend..? le temps. — N. n. voy.. sans cesse assiég.. de témoins, et l. pl.. malh.. osent pleur.. l. moins. — Elle e. belle dans tou.. les rôles, mais c'e. dans Phèdre qu'elle e. l. pl.. admirab.. — On remarquai.. en elle beauc.. de pench.. à trouv.. q. les jeunes gen.. l. mieux fai.. ét.. aussi ceux qui av.. l. pl.. d'esprit. — A ces mo.. dans les airs le trait se fai.. entend..; à l'endroit où le monstre a la peau l. pl.. tendre, il en reçoi.. le coup, se sen.. ouv.. les flan.. — L. mieu.. est l'ennem.. du bien. — L. moins q. v. pouv.. faire, c'est de l'all.. trouv.. — Les Chaldéens, les Indiens, les Chinois me paraiss.. être les peupl.. l. pl.. ancienn.. polic.. — Les obj.. qui lui étai.. l. plus agréab.. étai.. ceux dont la forme étai.. unie et la figure régul.. — Je la laissai seule décid.. l. pl.. grande aff.. q. je (pouvoir) av.. de ma vie. — Ce son.. ceux qui on.. l. moins de liv.. qui lis.. l. pl.. — Tou.. allai.. le mieux du monde. — Tell.. son.. les opinions l. pl.. généralement suiv.. — Les vérit.. l. mieux prouv.. sont aussi les pl.. import.. — Voilà les ouvr.. q. j'ai touj.. l. plus estim.. — Les pers.. qui on.. l. pl.. de grâce son.. cell.. qui song.. l. moins à en av.. — Regard.. l'étude de votre langue comme un des obj.. l. pl.. import.. de votre éducat.. — Ce q. je sai.. l. mieux c'est mon commencem.. — N. ne pleur.. pas touj.. quand n. somm.. l. pl.. afflig.. — Une mère e. touj.. dispos.. à pardonn.. à ses enf.., même lorsqu'ils se son. montr.. l. pl.. coupab.. — De tou.. ces dames, votre sœur m'a par.. être l. pl.. magnifiq.. parée. — Cette dame a peu de grâce, même lorsqu'elle est le pl.. magnifiq.. par.. — *Pire, pis.* N. manq.. d'arg.., voilà le p.. — Le remède est p.. q. le mal. — V. mett.. touj.. les choses au p.. — L'indocilit.. est p.. que l'ignorance. — Ce fu.. bien p.. encore. — Les p.. ennem.. (disait sagem.. un ancien), ce son.. les flatt..; et les p.. de tou.. les flatt.., ce son.. les plaisirs. — Ce q. v. m'av.. off.. est p.. que ce que v. m'av.. propos.. — V. en di. p.. q. pendre.

NOMS INVARIABLES, NOMS PROPRES, NOMS COMPOSÉS.

158. Sont invariables, 1° la plupart des mots qui ont passé des langues étrangères dans la nôtre; 2° les mots et les phrases pris accidentellement comme subst., ou considérés matériellement; 3° les noms propres.

L'alibi n'e. pas prouv.. — Q. cet aparté e. peu vraisemblab..! — Comment couvr.. le déficit? — N. av.. récit.. un pater, un ave maria, un credo, un confiteor. — Le duo e. le quatuor q. v. av.. jou.. ne son.. pas de Mozart. — Le bel impromptu! — Effacez le zéro. — Encore un quiproquo. — Montr..-moi votre exeat. — L'errata e. énorme. — Marq.. l'alinéa. — On a chant.. un te deum. — Tu exécuter.. ce solo. — Ce n'est qu'un on dit, un ouï-dire. — Je n'ir.. pas au rendez-vous. — Que signifie le je ne sais quoi? — Vous avez un in-seize, un in-douze, un in-octavo, un in-quarto, un in-folio. — Mon numéro e. sort.. — L'opéra e. tou.. en vers. — Av..-v. jam.. v.. un auto-da-fé? — Il n'ob.. jam.. à l'instant; c'e. touj.. un si, un mais, un pourquoi, un cependant, un comment. — Il ne me répond.. q. par un oui ou un non. — Voilà un monsieur et un mademoiselle de trop. — J'ai effacé un de, un pour et un que. — Voilà un s'il vous plaît bien mal placé. — Il a touj.. un plaît-il à la bouche. — *Mettez au pl.* — Cette pièce e. de Thomas *Corneille.* — L'aîné des ... e. l'auteur du Cid. — *Racine* mour.. en 1699. — Les 2 ... son.. célèb.. — *Sénèque* fu.. le précepteur de *Néron.* — Il y a eu 2 ...; l'un philosophe, l'autre poète. — *Caton* d'Utique fut ainsi surnomm.. du nom du lieu où il se donna la mort. — Rome admira les 2 ... sans les imit..

159. *Débet, écho, factum, placet* et *récépissé* prennent *s* au pl. — Les noms propres prennent aussi la marque du pl. quand ils sont employés comme noms communs, et qu'on peut y joindre *des hommes tels que.* — Mais si le nom propre est employé au pl. par emphase, et non pour désigner plusieurs personnes, il ne prend pas la marque du pl.

Sa voix faisai.. redire aux écho.. attendris le nom, le triste nom de son malh.. fils. — Les déb.. sont considérab.. — Les fact.. qu'on a publ.. n'ont pas fai.. gr.. impress.. — On a renvoy.. tou.. vos plac.. sans les lire. — Où sont les récép..? — Aux temps les pl.. fécon.. en Phrynés, en Laïs, pl.. d'une Pénélope honora son pays. — Un Auguste aisém.. peu.. faire des Virgil.. — Un coup d'œil de Louis enfantai.. des Corneill.. —

La France eu.. ses César.., ses Caton.., ses Pompée.. — La brill.. d'un écl.. immort.. les vert.. politiq.., moral.. e. chrétien.. des Letellier, des Lamoignon et des Montpensier.

160. Un nom composé est touj. formé, 1° du nom même de la chose; 2° de la partie accessoire ou déterminative. — Il est évident que le nom de la chose est touj. susceptible de prendre la marque du pl. Quant à la partie accessoire, elle peut être 1° un adj. ou un nom pris adj.; alors elle s'accorde en genre et en nombre avec le nom principal; 2° un C. I. formé d'un nom et d'une prép. expr. ou sous-ent.; alors les mots qui la composent restent inv. au sing. ou au pl. selon le sens; 3° un adv., une prép., un v.; alors elle est inv.; 4° enfin, il se peut que le nom même de la chose soit sous-ent.; alors la partie accessoire, seule expr., reste inv.

1. Une chauve-souris, un chou-fleur, un chou-navet, un oiseau-mouche, un feu-follet, un chat-huant, un chien-loup, un rouge-gorge, un gros-bec, un chef-lieu, un cerf-volant, un petit-neveu. — 2. Un chef-d'œuvre, un arc-en-ciel, une pomm..-de-terre, un ver-à-soie, une canne-à-sucre, une belle-de-nuit, un croc-en-jambe, un bachelier-ès-lettre, un maître-ès-arts, un fraisier-des-Alpes, un rosier-cent-feuilles, un hôtel-dieu, un bain-marie. — 3. Une arrière-garde, un avant-poste, un contre-coup, un sous-inspecteur, un quasi-contrat, un quasi-délit, un vice-amiral, une après-dînée, une semi-preuve, un co-propriétaire. — 4. Un tête-à-tête, un coq-à-l'âne, un sot-l'y-laisse, un va-nu-pieds, un pied-à-terre, un couvre-pied, un pince-sans-

rire, un écoute-s'il-pleut, un brèche-dents, un casse-noisettes, un garde-notes, un trouble-fête, un abat-jour.

1. Une souris qui est chauve, un chou qui et fleur, etc., subst. et adj. qui s'acc.—2. Un chef de l'œuvre, des chefs de l'œuvre; un arc dans le ciel, des arcs dans le ciel; 2e partie inv.—Un rosier cent feuilles, c'est-à-dire à cent f.; prép. sous-ent.—3. Une arrière-garde, une garde qui est arrière; des arrières-gardes, des gardes qui sont arrière; le nom seul prend le pl. — 4. Un *entretien*, des *entretiens* de tête-à-tête; une *conversation*, des *conversations* où l'un parle d'un coq et l'autre d'un âne; un *morceau*, des *morceaux* q. le sot y laisse; des *hommes*, un *homme* qui va nu pieds; le nom principal est sous-ent., et la partie déterminative, seule exprimée, reste inv.

161. Les adj. composés sont inv.

Un cheveu *chatain-clair*, un habit *vert-pomme*, une robe ... — Un manteau *bleu-foncé*, une robe ... — Un pantalon *gris-de-lin*, une veste ... — *Mettez au pl.*

162. Quoique nous ayons dit que les prép. gouvernent l'inf., il est des cas où le participe suit les prép. *de* et *pour*, ex.: 30 *hommes* DE *tués*, c'est-à-dire 30 *hommes* DE CEUX QUI FURENT *tués; il fut laissé* POUR *mort*, dites POUR ÉTANT mort.

Il y eu.. 300 arbr.. de cass.., 250 de déracin.. — Voilà plus de 20 maill. de romp.. ou de manq.. — On compte plus de 1,000 personn.. de noy..; il s'en trouve au moins 2,000 d'étouff.., d'estrop.., de foul.. aux pieds des chev.. — Mon ami, v. pouv.. v. tenir pour disgrac.. — Je me tenai.. pour assur.. de votre consentement. — N. ne n. tenons pas encore pour vainc..

Cette observation doit être placée immédiatement après l'ex. 53.

FIN.

BIBLIOTHEQUE ROYALE

dont vous vous enivrez avec une
e, et c'est à son langage de plainte
que vous reconnaissez aujourd'hui
prête de votre société.
la discorde, la souffrance, jusqu'au
mestique, où l'amour le plus ardent
u'une fièvre passagère, le mariage
suivi de longs jours d'indifférence
ymen la consécration solennelle
grant, où enfin la tendresse des
e dans l'absence d'occupations
mites qu'elle ne saurait franchir!
ouissez pas de la naissance de vos
comme une marâtre

défi de l'Europe rétrograde, et, noble ch
l'avenir, à terrasser le passé dans les vieilles
qui semblent lui amener leurs population
afin que de son glaive elle achève de b
fers; ce n'est pas quand elle prend en
cause des peuples, et n'exerce sur eux une
souveraineté que pour leur faire goûter l
l'affranchissement, que vous pouvez v
d'égoïsme! Non, vous connaisez encore l
ment, mais à la destruction du passé;
siasme, mais celui de la ruine; une religi
celle de la guerre; hors du champ de ba
qui vous manque, et vous le sentez, c'est l
de la paix, du travail de l'ordre, du pr
c'est alors qu'en vous

OUVRAGES

Qui se trouvent chez les mêmes libraires.

PREMIERS ÉLÉMENS D'ARITHMÉTIQUE, [illegible] de problèmes raisonnés en forme d'anecdotes, à l'usage de la jeunesse, par Bentz, régent, 3ᵉ édition, [illegible] et corrigée; prix : 1 fr.

HISTOIRE DE FRANCE, depuis l'établissement de la monarchie jusqu'à nos jours, par madame de Saint-Ouen, ouvrage couronné par la société de l'instruction élémentaire, prix : 75 cent.

HISTOIRE ANCIENNE ÉLÉMENTAIRE, accompagnée de tableaux chronologiques et de cartes qui en facilitent l'étude, par madame de Saint-Ouen, prix : 1 fr. 25 cent.

Cet ouvrage est adopté par la société de l'instruction élémentaire de Paris.

HISTOIRE ROMAINE ÉLÉMENTAIRE, accompagnée de tableaux chronologiques et de cartes qui en facilitent l'étude, par madame de Saint-Ouen, 1 vol. in-18; prix : 1 fr. 25 cent.

PETIT COURS DE THÈMES [illegible] dans lequel il s'agit d'achever [illegible] l'orthographe selon la règle [illegible] par A. Champalbert, prix : [illegible] cent.

EXERCICES GRAMMATICAUX, à l'usage des [illegible] primaires, in-18; prix : 30 cent.

ATLAS ÉLÉMENTAIRE, pour la petite [illegible] de Meissas et Michelot, dix cartes coloriées, prix [illegible]

Chaque carte se vend séparément 20 cent.

TRAITÉ ÉLÉMENTAIRE DE PERSPECTIVE, [illegible] visé en dix leçons, à l'usage des élèves qui étudient le dessin d'après nature, par Salme, professeur [illegible] in-12, avec planches; prix : 1 fr. 80 cent.

www.ingramcontent.com/pod-product-compliance
Ingram Content Group UK Ltd.
Pitfield, Milton Keynes, MK11 3LW, UK
UKHW021046230726
13926UKWH00004B/1685